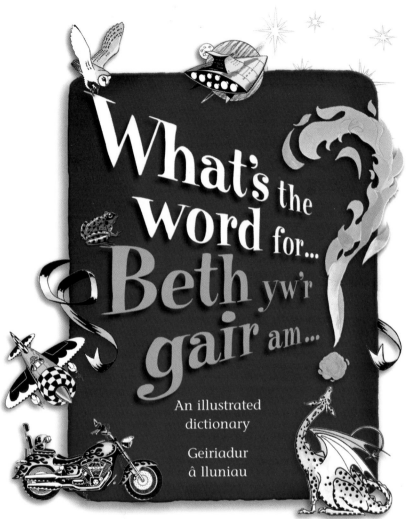

What's the word for...
Beth yw'r gair am...

An illustrated
dictionary

Geiriadur
â lluniau

Compiled by / Lluniwyd gan
Carol Williams

University of Wales Press / Gwasg Prifysgol Cymru
Cardiff / Caerdydd
2002

D1025644

British Library
Cataloguing-in-Publication Data
A catalogue record for this book is available from the British Library.

ISBN 0-7083-1736-7

Visit the website that is dedicated to this dictionary:

www.word-for-gair-am.co.uk

There you will find additional notes for teachers and parents; a Welsh version of 'Using the dictionary'; suggested tasks; and a section on discussing the pictures.

Published with the financial assistance of ACCAC (Qualifications, Curriculum & Assessment Authority for Wales)

Illustrated by Brett Breckon
Designed by Olwen Fowler
Printed in Malta by Gutenberg Press Limited

Manylion Catalogio
Cyhoeddi'r Llyfrgell Brydeinig
Mae cofnod catalogio'r gyfrol hon ar gael gan y Llyfrgell Brydeinig

ISBN 0-7083-1736-7

Ewch i wefan arbennig y geiriadur hwn:

www.word-for-gair-am.co.uk

Yno, fe gewch nodiadau ychwanegol ar gyfer athrawon a rhieni; 'Defnyddio'r geiriadur', sef fersiwn Cymraeg o 'Using the dictionary'; awgrymiadau ar gyfer tasgau; ac adran am drafod y lluniau.

Cyhoeddwyd gyda chymorth ariannol ACCAC (Awdurdod Cymwysterau, Cwricwlwm ac Asesu Cymru)

Darluniwyd y llyfr gan Brett Breckon
Dyluniwyd gan Olwen Fowler
Argraffwyd yn Malta gan Gutenberg Press Cyf

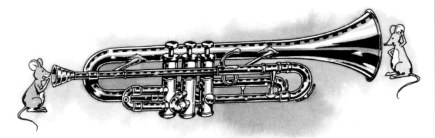

Welcome to

What's the word for...?

Croeso i

Beth yw'r gair am...?

This dictionary is especially for those of you who are learning Welsh as a second language, and will help you to develop the skills needed to use a dictionary.

Mae'r geiriadur yma yn arbennig i'r rhai ohonoch chi sy'n dysgu Cymraeg fel ail iaith, a bydd yn help i chi ddatblygu sgiliau defnyddio geiriadur.

Read the words!

Look at the pictures!

Talk about the pictures!

Write in Welsh!

Read Welsh!

Enjoy yourselves!

Darllenwch y geiriau!

Edrychwch ar y lluniau!

Siaradwch am y lluniau!

Ysgrifennwch yn Gymraeg!

Darllenwch Gymraeg!

Mwynhewch eich hunain!

Contents  Cynnwys

Abbreviations / Byrfoddau

	Welsh/Cymraeg	English/Saesneg
a	ansoddair	adjective
adf	adferf	adverb
ardd	arddodiad	preposition
b	berf	verb
be	berfenw	verbnoun
cys	cysylltair	conjunction
eb	enw benywaidd	feminine noun
ebd	ebychiad	interjection
eg	enw gwrywaidd	masculine noun
egb	enw gwrywaidd/benywaidd	masculine or feminine noun
ell	enw lluosog	plural noun
gw	gweler	see
neu	neu	or
rhag	rhagenw	pronoun
rhif	rhifol	numeral

a / ac *cys*: and

> **buwch a llo**: a cow and calf
> **afal ac oren**: an apple and an orange

aber *egb*: estuary, mouth of a river; confluence

> **Aberhonddu**: Brecon
> **Aberteifi**: Cardigan

absennol *a*: absent

actio *be*: to act

actor *eg* (actorion): actor

actores *eb*: actress

achos *cys*: because

achub *be*: to rescue, to save

adar *gw* aderyn

adeilad *eg* (adeiladau): building

adeiladu *be*: to build

adeiladwr *eg*: builder

aderyn / deryn *eg* (adar): bird

adnabod / nabod *be*: to know; to recognize

adre / adref *adf*: home(wards)

> **mynd adre**: to go home

adrodd *be*: to report; to recite

adroddiad *eg*: report; recitation

addo *be*: to promise

addysg *eb*: education

> **addysg gorfforol**: physical education
> **addysg grefyddol**: religious education

aelod *eb* (aelodau): member

afal *eg* (afalau): apple

b
c
ch
d
dd
e
f
ff
(g)
ng
h
i
j
l
ll
m
n
o
p
ph
r
rh
s
t
th
u
w
y

afon *eb* (afonydd): river

> **afon Conwy**: the river Conwy
> **afon Taf**: the river Taff

agor *be*: to open

agored *a*: open

agoriad / goriad *eg*
(agoriadau): key

agos *a*: close; near

anghofio *be*: to forget

anghywir *a*: incorrect, wrong

ail *a*: second

> **yr ail dro**: the second time

yr **Alban** *eb*: Scotland

yr **Almaen** *eb*: Germany

Almaeneg *eb*: German
(language)

allan *adf*: out

allanfa *eb*: exit, way out

allwedd *eb* (allweddi): key

am *ardd*: for; at; about

> **diolch am bopeth**:
> thanks for everything

Cymru am byth:
Wales for ever

mynd am dro:
to go for a walk

am ddim: free, for nothing

am wyth o'r gloch:
at 8 o'clock

stori am gi:
a story about a dog

ambiwlans *eg*: ambulance

amgueddfa *eb*: museum

> **Amgueddfa Lechi Cymru**:
> Welsh Slate Museum
> **Amgueddfa Werin Cymru**:
> Museum of Welsh Life

amhosib / amhosibl *a*:
impossible

aml *a*: often

amlen *eb* (amlenni): envelope

amser *eg* (amserau): time

> **amser cinio**:
> lunchtime, dinnertime
> **amser chwarae**: playtime
> **amser mynd adre**:
> time to go home

anadlu *be*: to breathe

anfon *be*: to send

anffodus *a*: unfortunate

yn anffodus: unfortunately

anhygoel *a*: incredible, amazing

anifail *eg* (anifeiliaid): animal

anifail anwes *eg*: pet

anlwcus *a*: unlucky

anniben *a*: untidy

annibendod *eg*: untidiness, mess

annwyd *eg*: cold

annwyl *a*: dear; Dear

Annwyl Mr Jones: Dear Mr Jones (start of letter)

anodd *a*: difficult

anrheg *eb* (anrhegion): present, gift

anrheg pen-blwydd: a birthday present

anrheg Nadolig: a Christmas present

anti *eb* (antis): aunt

ar *ardd*: on; at

ar y bwrdd: on the table

edrych ar: to look at

ar agor: open

ar bwys: next to

ar dân: on fire

ar draws: across

ar ddihun: awake

ar gau: closed

ar glo: locked

ar goll: missing, lost

ar hyd: along

ar ôl: after

ar unwaith: at once

ar wahân: apart, separate

ar werth: for sale

araf *a*: slow

arall *a* (eraill): another; other

diod arall: another drink

plant eraill: other children

archfarchnad *eb*: supermarket

ardal *eb*: district

ardderchog *a*: excellent

arestio *be*: to arrest

arfordir *eg*: coast(line)

arhosfan bysiau *egb*: bus stop

arian *eg, a*: money; silver

arian poced *eg*: pocket money

arlunydd *eg*: artist

arllwys *be*: to pour

aros *be*: to stay; to wait

> **aros am y trên:**
>   to wait for the train

arwr *eg* (arwyr): hero

arwres *eb*: heroine

arwydd *egb* (arwyddion): sign

arwydd ffordd *egb*: road sign

arwyr *gw* arwr

at *ardd*: to; up to; towards

> **cerdded at**: to walk towards
> **ysgrifennu at**: to write to

ateb[1] *eg* (atebion): answer

ateb[2] *be*: to answer

athletau *ell*: athletics

athrawes *eb* (athrawesau): teacher (female)

athrawon *gw* athro

athro *eg* (athrawon): teacher (male)

aur *eg, a*: gold

awdur *eg* (awduron): author

awr *eb* (oriau): hour

Awst *eg*: August

awyr *eb*: sky

awyren *eb* (awyrennau): aeroplane

LLANGOLLEN | LLANDUDNO

baban *eg* (babanod): baby

babi *eg* (babis): baby

bach *a*: small; little

bachgen *eg* (bechgyn): boy

bad *eg* (badau): boat

> bad achub: a lifeboat
> bad rhwyfo: a rowing boat

bae *eg*: bay

> Bae Ceredigion: Cardigan Bay
> Bae Colwyn: Colwyn Bay

baglu *be*: to trip (up)

balŵn *egb* (balŵns / balwnau): balloon

banana *eb* (bananas): banana

banc *eg* (banciau): bank

baner *eb* (baneri): flag

bant *ardd*: away

> mynd bant: to go away

bara *eg*: bread

> bara brith: currant loaf
> bara menyn: bread and butter

barf *eb*: beard

bathodyn *eg* (bathodynnau): badge

bath *eg*: bath

baw *eg*: dirt; muck

becso *be*: to worry

bechgyn *gw* bachgen

beic *eg* (beiciau): bike

beic modur *eg*: motor bike

belt *egb* (beltiau): belt

bendigedig *a*: fantastic

berwi *be*: to boil

beth? *rhag*: what?

bil *eg* (biliau): bill

bin *eg* (biniau): bin

bin sbwriel *eg*: rubbish bin

blas *eg*: taste; flavour

blasus *a*: tasty

blawd *eg*: flour

ble? *adf*: where?

blêr *a*: untidy

blin *a*: sorry; cross

mae'n flin 'da fi: I'm sorry
mae hi'n flin heddiw:
   she's cross today
blino *be*: to tire, to get tired
  wedi blino: tired
blodau *gw* blodyn
blodyn *eg* (blodau): flower
blows *egb* (blowsys): blouse
blwch *eg*: box
blwydd *eb*: year (of age)
  dwy flwydd oed: 2 years old
  naw mlwydd oed: 9 years old
blwyddyn *eb* (blynyddoedd): year
  12 mis = blwyddyn:
    12 months = a year
  blwyddyn 5: year 5
  yn y flwyddyn 2002:
    in the year 2002
blynyddoedd *gw* blwyddyn
bocs *eg* (bocsys): box
boch *eg* (bochau): cheek

bochdew *eg*: hamster
bod *be*: to be
bol / bola *eg*: belly,
  stomach, tummy
  bola tost: a stomach-ache
  poen yn y bol:
   a stomach-ache
bord *eb*: table
bore *eg*: morning
  bore da: good morning
  bore dydd Llun:
    Monday morning
  bore ddoe: yesterday morning
  bore fory: tomorrow morning
  y bore 'ma: this morning
  bob bore: every morning
braf *a*: fine, pleasant
braich *eb* (breichiau): arm
brain *gw* brân
brân *eb* (brain): crow
brawd *eg* (brodyr): brother
brecwast *eg*: breakfast
brechdan *eb* (brechdanau):
  sandwich
breichiau *gw* braich
brenhines *eb*: queen
brenin *eg*: king
bresych *ell*: cabbage

breuddwyd *egb*: dream

breuddwydio *be*: to dream

brifo *be*: to hurt;
to injure; to wound

brodyr *gw* brawd

broga *eg* (brogaod): frog

bron *adf*: almost, nearly

bron yn naw o'r gloch:
almost 9 o'clock

brown *a*: brown

brwnt *a*: dirty

brws *eg* (brwsys): brush

brws dannedd *eg*: toothbrush

brwsio *be*: to brush

bryn *eg* (bryniau): hill

brysio *be*: to hurry, to rush

buarth *eg*: yard

budr *a*: dirty

buwch *eb*: cow

buwch goch gota *eb*: ladybird

bwgan *eg* (bwganod):
ghost, bogey

bwgan brain *eg*: scarecrow

bwli *eg* (bwlis): bully

bwlian *be*: to bully

bwrdd *eg* (byrddau): table

bwrdd du: blackboard

bwrdd gwyn: whiteboard

bwrw *be*: to hit, to beat,
to strike; to rain

bwrw'r bêl: to hit the ball

bwrw eira: to snow

bwrw glaw: to rain

bws *eg* (bysiau / bysys): bus

bwyd (bwydydd) *eg*: food

bwydlen *eb*: menu

bwydo *be*: to feed

bwyta *be*: to eat

bwyty *eg*: restaurant, cafe

byd *eg*: world, earth

y byd cyfan: the whole world

byji *eg* (byjis): budgie

byr *a*: short

byrddau *gw* bwrdd

bys *eg* (bysedd): finger

bysiau / bysys *gw* bws

byw *be*: to live

bywiog *a*: lively

cacen *eb* (cacennau): cake

cadair *eb* (cadeiriau): chair

cadno *eg*: fox

cadw *be*: to keep

cadw'n heini *be*: to keep fit

cadw-mi-gei *eg*: money-box

cadwyn *eb*: chain

cae *eg* (caeau): field

cael *be*: to have; to get, to obtain

caer *eb*: fort

Caerdydd: Cardiff

Caeredin: Edinburgh

Caergybi: Holyhead

caffi *eg* (caffis): cafe

cais *eg* (ceisiau): try

sgorio cais: to score a try

caled *a*: hard

calon *eb*: heart

call *a*: sensible

cam[1] *eg* (camau): step

cam[2] *a*: bent, crooked

camera *eg*: camera

campfa *eb*: gymnasium

can *gw* cant

cân *eg* (caneuon): song

caneuon *gw* cân

canmol *be*: to praise

cannoedd *gw* cant

canol *eg*: middle, centre

canol y ddinas: the city centre

yn y canol: in the middle

canolbarth Cymru: mid-Wales

yn y Canolbarth: in mid-Wales

canolfan *eb* (canolfannau): centre

canolfan hamdden: leisure centre

canolfan siopa: shopping centre

canrif *eb* (canrifoedd): century

cant / can *eg, rhif* (cannoedd): hundred

> cant o blant:
> a hundred children

> can mil:
> one hundred thousand

> can punt:
> one hundred pounds

canu *be*: to sing; to play; to ring

> canu mewn côr:
> to sing in a choir

> canu'r delyn:
> to play the harp

> canu'r gloch: to ring the bell

cap *eg* (capiau): cap

capel *eg* (capeli): chapel

car *eg* (ceir): car

carafán *eb*: caravan

carden *eb* (cardiau): card

> carden Nadolig:
> a Christmas card

carden ben-blwydd:
> a birthday card

carden bost: a postcard

caredig *a*: kind

cariad *eg*: love

cario *be*: to carry

carol *egb* (carolau): carol

carped *eg* (carpedi): carpet

carreg *eb* (cerrig): stone

cartref *eg* (cartrefi): home

cartŵn *eg* (cartwnau): cartoon

caru *be*: to love

cas *a*: nasty

casáu *be*: to hate

casglu *be*: to collect

castell *eg* (cestyll): castle

castell tywod *eg*: sandcastle

cath *eb* (cathod): cat

cau *be*: to close

cawl *eg:* soup

> cawl cennin: leek soup
> cawl tomato: tomato soup

cawod *eb* (cawodydd): shower

⎰ **cawod o eira**: a snow shower

⎱ **cael cawod boeth**:
  to have a hot shower

cawr *eg* (cewri): giant

caws *eg*: cheese

⎰ **caws Caerffili**:
  Caerphilly cheese

cefn *eg* (cefnau): back

cefnder *eg*: cousin (male)

cefnogi *be*: to support

ceffyl *eg* (ceffylau): horse

ceg *eb*: mouth

cegin *eb*: kitchen

ceiniog *eb* (ceiniogau): penny

ceir *gw* car

ceisiau *gw* cais

ceisio *be*: to try

celf *eb*: art

celfi *ell*: furniture

celwydd *eg*: lie

celyn *ell*: holly

cenedlaethol *a*: national

⎰ **anthem genedlaethol**:
  national anthem

cenhinen *eb* (cennin): leek

cenhinen Pedr *eb*: daffodil

cenllysg *ell*: hail

cennin *gw* cenhinen

cerdyn *eg* (cardiau): card

⎰ **cerdyn Nadolig**:
  a Christmas card

⎱ **cerdyn pen-blwydd**:
  a birthday card

⎱ **cerdyn post**: a postcard

cerdd *eb* (cerddi): poem

cerdded *be*: to walk

cerddoriaeth *eb*: music

cerrig *gw* carreg

cesair *ell*: hail

cestyll *gw* castell

cewri *gw* cawr

ci *eg* (cŵn): dog

ci defaid *eg*: sheepdog

cicio *be*: to kick

cig *eg* (cigoedd): meat
  cig eidion: beef
  cig moch: bacon
  cig oen: lamb
cigydd *eg*: butcher
cinio *eg*: dinner
  dynes ginio: dinner lady
  menyw ginio: dinner lady
cist *eb* (cistiau): chest
  yr hen gist: the old chest
  sêl cist car: a car-boot sale
clapio *be*: to clap
clawr *eg* (cloriau): cover
clebran *be*: to chatter
clêr *gw* cleren
cleren *eb* (clêr): fly
clir *a*: clear
clirio *be*: to clear
cliw *eg* (cliwiau): clue

clo *eg* (cloeon): lock
cloc *eg* (clociau): clock
cloc larwm *eg*: alarm clock
cloch *eb* (clychau): bell
  o'r gloch: o'clock
  clychau'r gog: bluebells
cloi *be*: to lock
cloriau *gw* clawr
clown *eg*: clown
clust *eb* (clustiau): ear
clust dost *eb*: earache
clustdlysau *ell*: earrings
clwb *eg* (clybiau): club
  clwb ieuenctid: a youth club
  clwb pêl-droed:
    a football club
clwyd *eb* (clwydi): gate
clybiau *gw* clwb
clychau *gw* cloch
clymu *be*: to tie
clywed *be*: to hear
cnocio *be*: to knock
cnoi *be*: to chew; to bite
coch *a*: red
codi *be*: to get up, to rise;
   to lift (up)
  amser codi: time to get up
  codi pwysau: weightlifting

coed *ell*: wood; trees

coeden *eb* (coed): tree

coeden Nadolig *eb*:
Christmas tree

coedwig *eb*: forest

coelcerth *eb* (coelcerthi): bonfire

coes[1] *eb* (coesau): leg

coes[2] *eg* (coesau): handle, stem

coes brws: a broom handle
coes rhosyn: a rose stem

cofio *be*: to remember

cofrestr *eb*: register

cofrestru *be*: to register

coffi *eg*: coffee

coginio *be*: to cook

cogydd *eg*: cook, chef

colli *be*: to lose

colli arian: to lose money
colli gêm: to lose a game

copïo *be*: to copy

côr *eg* (corau): choir

corff *eg* (cyrff): body

cornel *eb* (corneli): corner

corryn *eg* (corynnod): spider

costio *be*: to cost

costus *a*: expensive

cot / côt *eb* (cotiau): coat

cot law / côt law *eb*: raincoat

crac *a*: cross

crafu *be*: to scratch

craig *eb* (creigiau): rock

credu *be*: to believe

creigiau *gw* craig

creision *ell*: crisps; flakes

creision plaen: plain crisps
creision ŷd: cornflakes

crempog *eb* (crempogau):
pancake

creulon *a*: cruel

cribo *be*: to comb

criced *eg*: cricket

crio *be*: to cry

croen *eg*: skin, peel

croen oren: orange peel

croes *eb* (croesau): cross

croesffordd *eb*: crossroad

croesi *be*: to cross

croeso *eg*: welcome

crwban *eg* (crwbanod): tortoise

crwn *a*: round

cryf *a*: strong

cryno-ddisg *eg* (crynoddisgiau): compact disc, CD

crynu *be*: to shake; to shiver

crys *eg* (crysau): shirt

crys-T *eg*: T-shirt

cuddio *be*: to hide

curo *be*: to beat; to knock

curo dwylo *be*: to clap (hands)

cusan *egb* (cusanau): kiss

cusanu *be*: to kiss

cwbl *eg*: everything, all

　dim o gwbl: not at all

　dyna'r cwbl: that's all

　wedi'r cwbl: after all

cwch *eg* (cychod): boat

　cwch achub: a lifeboat

cwestiwn *eb* (cwestiynau): question

cwis *eg*: quiz

cwm *eg* (cymoedd): valley

cwmni *eg*: company

cwmwl *eg* (cymylau): cloud

cŵn *gw* ci

cwningen *eb* (cwningod): rabbit

cwpan *egb* (cwpanau): cup

　Cwpan y Byd: the World Cup

cwpanaid / cwpaned / paned *eg*: cup(ful)

　cwpaned o de: a cup of tea

cwpwrdd *eg* (cypyrddau): cupboard

cwrdd *be*: to meet

　cwrdd â ffrind: to meet a friend

cwympo *be*: to fall

cwyno *be*: to complain

cychod *gw* cwch

cychwyn *be*: to start, to begin

cyfarfod[1] *eg*: meeting

cyfarfod[2] *be*: to meet

cyfartal *a*: equal

   marciau cyfartal:

     equal marks

   gêm gyfartal: a drawn game

cyfarth *be*: to bark

cyfeillgar *a*: friendly

cyfeiriad *eg*: address; direction

cyfenw *eg*: surname

cyfle *eg*: chance, opportunity

cyflym *a*: quick

cyfnither *eb*: cousin (female)

cyfoethog *a*: rich

cyfres *eb*: series

cyfrif *be*: to count

cyfrifiadur *eg* (cyfrifiaduron):

   computer

cyfrinach *eb* (cyfrinachau): secret

cyffrous *a*: exciting

cyffwrdd *be*: to touch

cyngerdd *egb* (cyngherddau):

   concert

cylch *eg* (cylchoedd): circle

cylchgrawn *eg* (cylchgronau):

   magazine

cyllell *eb* (cyllyll): knife

cyllyll *gw* cyllell

cymaint *a*: as much, so much

cymoedd *gw* cwm

cymorth cyntaf *eg*: first aid

Cymraeg *eb*, *a*: Welsh (language)

   yr iaith Gymraeg:

     the Welsh language

   yn Gymraeg: in Welsh

Cymraes *eb*: Welshwoman

Cymreig *a*: Welsh (not language)

   merlod Cymreig:

     Welsh ponies

Cymro *eg* (Cymry): Welshman

Cymru *eb*: Wales

Cymry *ell*: Welsh people,

   Welshmen

cymryd *be*: to take

   cymryd moddion:

     to take medicine

cymylau *gw* cwmwl

cymylog *a*: cloudy

cymysgu *be*: to mix

cyn *ardd*: before

cynffon *eb*: tail

cynhaeaf *eg*: harvest

cynilo arian *be*: to save money

cynnar *a*: early

cynnes *a*: warm

cynnig *be*: to offer

cynta / cyntaf *a*: first

y diwrnod cyntaf:
the first day

Mawrth y cyntaf:
the first of March

cynulleidfa *eb*: audience

Cynulliad Cenedlaethol Cymru:
National Assembly for Wales

cypyrddau *gw* cwpwrdd

cyrff *gw* corff

cyrliog *a*: curly

cyrraedd *be*: to arrive

cysgod *eg* (cysgodion): shadow

cysgu *be*: to sleep

cystadleuaeth *eb*
(cystadlaethau): competition

cystadlu *be*: to compete

cytuno (â) *be*:
to agree (with)

cyw iâr *eg*:
chicken (meat)

cywir *a*: correct

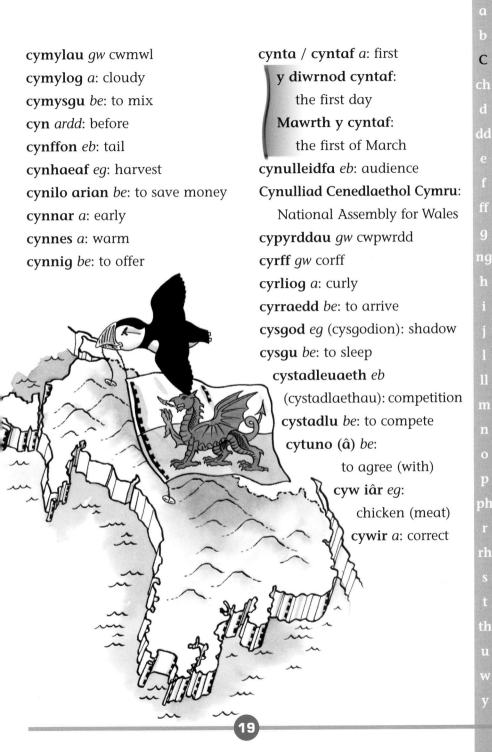

chdi *gw* ti

chi *rhag*: you

chwaer *eb* (chwiorydd): sister

chwarae *be*: to play

> chwarae dros Gymru:
> to play for Wales
> chwarae teg: fair play

chwaraeon *ell*: games, sports

chwaraewr *eg* (chwaraewyr):
player

chwarter *eg* (chwarteri): quarter

> chwarter wedi deg:
> quarter past ten

chwe / chwech *a, rhif*: six

> chwe deg: sixty
> chwe afal: six apples
> chwe merch: six girls
> chwech o ddesgiau: six desks

Chwefror *eg*: February

chwerthin *be*: to laugh

chwiban *egb*: whistle

chwibanu *be*: to whistle

chwilio (am) *be*: to search
(for), to look (for)

chwiorydd *gw* chwaer

chwith *a*: left

> trowch i'r chwith: turn left
> llaw chwith: left hand

'da *gw* gyda

da *a*: good

da bo chi *ebd*: goodbye

da-da *ell*: sweets

daearyddiaeth *eb*: geography

dafad *eb* (defaid): sheep

dangos *be*: to show

dail *gw* deilen

dal *be*: to catch

damwain *eb*: accident

dan / tan *ardd*: under

dannedd *gw* dant

dannoedd *eb*: toothache

dant *eg* (dannedd): tooth

darllen *be*: to read

dathlu *be*: to celebrate

dau *a, rhif*: two

   dau ddeg: twenty

   dau fachgen: two boys

dawns *eb*: dance

dawnsio *be*: to dance

de[1] *eg*: south

   de Cymru: south Wales

   yn y de: in the south

de[2] *eb, a*: right

   trowch i'r dde: turn right

   ar y dde: on the right

deall *be*: to understand

dechrau *be*: to begin, to start

defaid *gw* dafad

defnyddio *be*: to use

deffro *be*: to wake (up)

deg / deng *a, rhif*: ten

   deg punt: ten pounds

   deg o blant: ten children

   deng munud: ten minutes

deilen *eb* (dail): leaf

deintydd *eg*: dentist

del *a*: pretty

derbyn *be*: to accept

dere *b*: come (to one person)

⎰ **dere 'ma**: come here

deryn *gw* aderyn

desg *eb* (desgiau): desk

deuddeg *a, rhif*: twelve

⎰ **deuddeg o'r gloch**: 12 o'clock
⎱ **deuddeg oed**: 12 years old

dewch *b*: come

⎰ **dewch yma**: come here

dewis *be*: to choose

di *gw* ti

dibynnu *be*: to depend

diddordeb *eg* (diddordebau): interest

diddorol *a*: interesting

diflannu *be*: to disappear

diflas *a*: miserable; dull; boring

⎰ **tywydd diflas**:
⎮   miserable weather
⎱ **ffilm ddiflas**: a boring film

diffoddwr tân *eg*: firefighter

digidol *a*: digital

digon *a*: enough; plenty

⎰ **dyna ddigon**: that's enough
⎮ **digon o hwyl**: plenty of fun
⎱ **digon da**: good enough

digwydd *be*: to happen

dihuno *be*: to wake (up)

dilyn *be*: to follow

dillad *ell*: clothes

dim[1] *eg*: nothing, none

dim[2] *a, rhif*: zero, nought

dim byd: nothing

dim o gwbl: not at all

dim ond: only

dim ots: it doesn't matter

dinas *eb*: city

diod *eb* (diodydd): drink

diog *a*: lazy

diolch *eg*: thanks

⎰ **diolch yn fawr**:
⎱   thank you very much

disgo *eg* (disgos): disco

disgrifio *be*: to describe

disgybl *eg* (disgyblion): pupil

ditectif *eg*: detective

diwedd *eg*: end

    o'r diwedd: at last

diwetha / diwethaf *a*:

    last (= the most recent)

    y tro diwethaf: the last time

    yr wythnos diwethaf:

      last week

diwrnod *eg*: day

diwrnod marchnad *eg*:

    market day

doctor *eg* (doctoriaid): doctor

dod *be*: to come

dod â *be*: to bring

dodi *be*: to put

dodrefn *ell*: furniture

dof *a*: tame

doniol *a*: funny

dosbarth *eg* (dosbarthiadau):

    class

draenog *eg*: hedgehog

draig *eb* (dreigiau): dragon

    y ddraig goch:

      the red dragon

dreigiau *gw* draig

dringo *be*: to climb

drôr *eg*: drawer

dros / tros *ardd*: over

drud *a*: expensive, dear

drwg *a*: bad, naughty; rotten

    afal drwg: rotten apple

    ci drwg: a naughty dog

    mae'n ddrwg gen i:

      I'm sorry

drws *eg* (drysau): door

    drws nesaf: next door

drwy / trwy *ardd:* through(out)

    drwy'r nos: throughout

      the night

    drwy'r dref: through

      the town

drych *eg*: mirror

drysau *gw* drws

du *a*: black

dweud *be*: to say; to tell

dweud y gwir:
to tell the truth

dweud wrth rywun:
to tell someone

dwl *a*: silly

dwli *eg*: nonsense

dwlu ar *be*: to dote on,
to be mad about

dŵr *eg*: water

dwsin *eg* (dwsinau): dozen

dwsin o wyau: a dozen eggs

hanner dwsin: half a dozen

dwy *a, rhif*: two

dwy ferch: two girls

dwylo *ell*: hands

dwylo ynghyd:
hands together

dal dwylo: to hold hands

dwyn *be*: to steal

dwyrain *eg*: east

dwyrain Cymru: east Wales

dwywaith *adf*: twice

dy *rhag*: your

dydd *eg* (dyddiau): day

dydd Sul: Sunday

dydd Llun: Monday

dydd Mawrth: Tuesday

dydd Mercher: Wednesday

dydd Iau: Thursday

dydd Gwener: Friday

dydd Sadwrn: Saturday

dydd Nadolig:
Christmas Day

dydd Gŵyl Dewi:
St David's Day

dyddiad *eg*: date

dyddiad geni *eg*:
date of birth

dyddiadur *eg*: diary

dyma *adf, b*: here is, here are

dyn *eg* (dynion): man

dyna *adf*: there is, there are

dynes *eb*: woman

dysgl *eb* (dysglau): bowl, dish

dysgu *be*: to learn; to teach

DD··

ddoe *adf*: yesterday

e *gw* ef

e-bost *eg*: e-mail

ebe *b*: says; said

> **'Helo,' ebe Mari**:
>
> 'Hello,' said Mari

Ebrill *eg*: April

edrych *be*: to look

> **edrych am**: to look for
>
> **edrych ar**: to look at
>
> **edrych ymlaen at**:
>
> to look forward to

ef / e / fe / o / fo *rhag*: he; him

efallai *adf*: perhaps, maybe

efeilliaid *gw* gefell

efo *ardd*: with

egluro *be*: to explain

eglwys *eb*: church

eglwys gadeiriol *eb*:

> cathedral

egwyl *eb*: break, interval

ei *rhag*: his; her

eich *rhag*: your

eiliad *egb* (eiliadau): second

> **60 eiliad = munud**:
>
> 60 seconds = a minute

ein *rhag*: our

eira *eg*: snow

> **dyn eira**: snowman
>
> **pêl eira**: snowball

eirlys *eg* (eirlysiau): snowdrop

eisiau *eg*: want, need

eistedd *be*: to sit

eisteddfod *eb* (eisteddfodau):
eisteddfod

eitha / eithaf *a, adf*: quite
eitha da: quite good

eleni *adf*: this year

emyn *eg* (emynau): hymn

enfawr *a*: huge

enfys *eb*: rainbow

enillydd *eg* (enillwyr): winner

ennill *be*: to win

enw *eg* (enwau): name

enwog *a*: famous

eraill *gw* arall

erbyn *ardd*: by; against, versus
erbyn deg o'r gloch:
by ten o'clock
Caerdydd yn erbyn Llanelli:
Cardiff against Llanelli

esbonio *be*: to explain

esgid *eb* (esgidiau / sgidiau):
shoe

esgus *eg*: excuse

esgusodi *be*: to excuse
esgusodwch fi: excuse me

estyn *be*: to pass; to extend

eto *adf*: again
byth eto: never again
unwaith eto: once again

eu *rhag*: their

Ewrop *eb*: Europe

ewythr *eg*: uncle

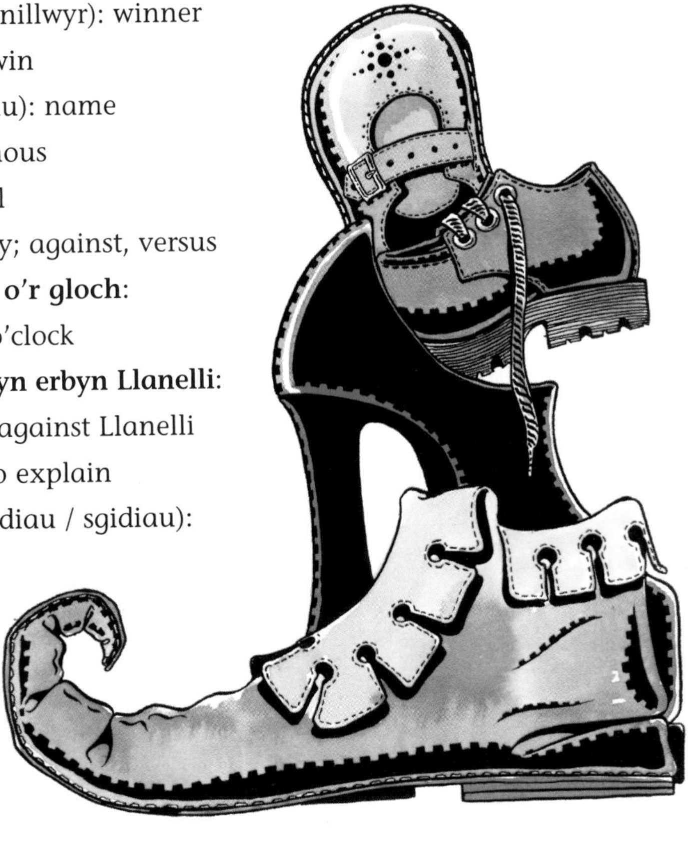

faint? *adf*: how many?;
how much?

> **faint o blant?**:
> how many children?
> **faint o'r gloch?**: what time?
> **faint ydy'r bêl?**:
> how much is the ball?

fan *eg* (faniau): van

fe *gw* ef

fel *cys*: like; as

> **fel hyn**: like this

fel arfer *adf*: as usual; usually

felly *adf*: therefore

finegr *eg*: vinegar

fi *gw* mi

fo *gw* ef

fory *gw* yfory

ffa *ell*: beans

> ffa dringo: runner beans
>
> ffa pob: baked beans

ffair *eb*: fair

ffair sborion *eb*: jumble sale

ffaith *eb* (ffeithiau): fact

ffarm / fferm *eb* (ffermydd): farm

ffasiwn *egb*: fashion

ffasiynol *a*: fashionable

ffatri *eb*: factory

ffeindio *be*: to find

ffenest / ffenestr *eb* (ffenestri): window

fferi *eb*: ferry

fferm *gw* ffarm

ffermio *be*: to farm

ffermdy *eg*: farmhouse

ffermwr *eg* (ffermwyr): farmer

ffermydd *gw* ffarm

ffidil *eb*: violin

ffilm *eb* (ffilmiau): film

ffilmio *be*: to film

ffisig *eg*: medicine

fflat *eb* (fflatiau): flat

ffliw *eg*: flu, influenza

ffliwt *eb*: flute

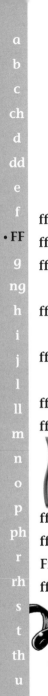

ffôl *a*: foolish

•• **FF**

ffon *eb* (ffyn): stick

ffôn *eg* (ffonau):
    phone, telephone

ffôn symudol *eg*:
    mobile phone

ffonio *be*: to phone,
    to telephone

fforc *eb* (ffyrc): fork

ffordd *eb* (ffyrdd): way; road

  allan o'r ffordd:
    out of the way

  y ffordd fawr: the main road

fforest *eb*: forest

ffotograffydd *eg*: photographer

Ffrainc *eb*: France

ffrâm *eb* (fframiau): frame

  Ffrangeg *eb*, *a*:
    French (language)

    ffres *a*: fresh

ffrind *eg* (ffrindiau): friend

ffrio *be*: to fry

ffrog *eb*: dress, frock

ffrwythau *ell*: fruit

ffurflen *eb*: form

ffwrn *eb*: oven

ffyn *gw* ffon

ffynnon *eb*: fountain,
    spring, well

ffyrc *gw* fforc

ffyrdd *gw* ffordd

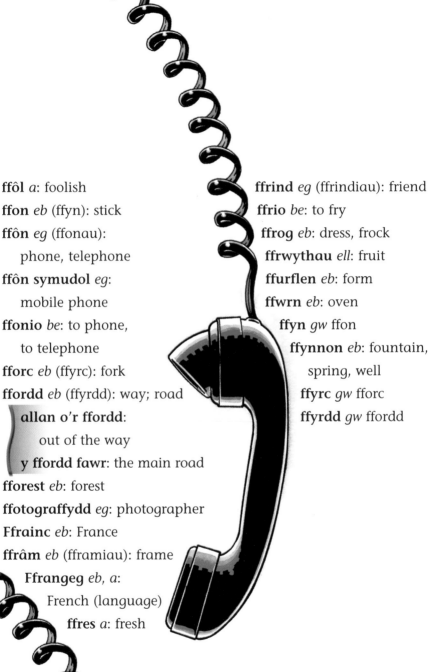

gadael *be*: to leave

gaeaf *eg*: winter

gafr *eb* (geifr): goat

gair *eg* (geiriau): word

galw *be*: to call

gallu *be*: to be able to, can

> **gallu canu**: to be able to sing
>
> **dwi'n gallu nofio**: I can swim

gan *ardd*: by

> **llyfr gan Roald Dahl**:
>
> a book by Roald Dahl

gardd *eb* (gerddi): garden

garddio *be*: to garden

garej *eg*: garage

gartre / gartref *adf*: at home

gât *eb* (gatiau): gate

gefell *eg* (gefeilliaid / efeilliaid): twin

geifr *gw* gafr

geiriadur *eg*: dictionary

geiriau *gw* gair

gem *eb* (gemau): gem, jewel

gêm *eb* (gemau): game, match

geneth *eb* (genethod): girl

ger *ardd*: near

gerddi *gw* gardd

giât *eb* (giatiau): gate

gitâr *eb*: guitar

glan *eb* (glannau): bank

> **glan yr afon**: river bank
>
> **ar lan y môr**: at the seaside

glân *a*: clean

glanhau *be*: to clean

glanio *be*: to land (boat, ship, plane)

glas *a*: blue

glaswellt *ell*: grass

glaw *eg*: rain

glo *eg*: coal

glöwr *eg* (glowyr): coal miner

glud *eg*: glue

gludo *be*: to glue

gobeithio *be*: to hope; hopefully

gofal *eg*: care

> **cymer ofal**: take care

gofalu (am) *be*: to look after

gofalus *a*: careful

> **byddwch yn ofalus**:
> be careful

gofalwr *eg*: caretaker

gofidio *be*: to worry

gofod *eg*: space; a space

gofyn *be*: to ask

> **gofynnwch i Huw**: ask Huw

gogledd *eg*: north

> **gogledd Cymru**:
> north Wales
>
> **yn y gogledd**: in the north

gôl *eb*: goal

golau[1] *eg* (goleuadau): light

> **goleuadau traffig**:
> traffic lights

golau[2] *a*: light, fair

golchi *be*: to wash

golchi'r llestri:
to wash the dishes

golchi dillad:
to wash clothes

golchi dwylo:
to wash hands

goleuadau *gw* golau

golff *eg*: golf

golygfa *eb*: view

> **golygfa hyfryd**:
> a lovely view

golygus *a*: handsome

gorau *a*: best

> **y tîm gorau**: the best team
>
> **o'r gorau**: all right, OK

gorffen *be*: to finish,
to complete; to end

Gorffennaf *eg*: July

goriad *gw* agoriad

gorllewin *eg*: west
　gorllewin Cymru: west Wales
　yn y gorllewin: in the west
gormod: too much
gorsaf *eb* (gorsafoedd): station
　gorsaf bysiau: bus station
　gorsaf yr heddlu:
　　police station
gorwedd *be*: to lie down
gosod *be*: to put
gosod y bwrdd:
　to lay the table
graff *eg*: graph
grêt *a*: great
grisiau *ell*: stairs
grŵp *eg* (grwpiau): group
grŵp pop *eg*: pop group
gwaed *eg*: blood
gwaedu *be*: to bleed
gwaelod *eg*: bottom
　ar y gwaelod: at the bottom
gwaetha'r modd:
　unfortunately, worst luck
gwag *a*: empty
gwahaniaeth *eg*: difference
gwahanol *a*: different
gwahodd *be*:
　to invite

gwahoddiad *eg*: invitation
　gwahoddiad i barti:
　　a party invitation
gwair *eg*: hay; grass
gwaith *eg*: work
gwaith cartref *eg*: homework
gwallt *eg*: hair
　gwallt golau: fair hair
　gwallt tywyll: dark hair
gwan *a*: weak
gwanwyn *eg*: spring
gwario (arian) *be*:
　to spend (money)
gwartheg *ell*: cattle
　Gwartheg Duon Cymreig:
　　Welsh Black Cattle
gwasanaeth *eg*:
　service, assembly

gwdihŵ *eg*: owl

gwddf / gwddw / gwddwg *eg*:
  neck; throat

gwe *eg*: web

gwefan *eb*: website

gweddi *eb*: prayer

gweddïo *be*: to pray

gweddol *a*: all right, not bad

gweiddi *be*: to shout

gweithio *be*: to work

gweithiwr *eg* (gweithwyr):
  worker

gweld *be*: to see

gwely *eg*: bed

gwell *a*: better

gwella *be*: to get better,
  to improve

gwenu *be*: to smile

gwers *eb* (gwersi): lesson

gwersyll *eg* (gwersylloedd): camp

gwersylla *be*: to camp

gwerthu *be*: to sell

gwesty *eg*: hotel

gwir[1] *eg*: truth

gwir[2] *a*: true; real

> stori wir: a true story
> y gwir ystyr:
>   the real meaning

gwirion *a*: foolish

gwisg *eb*: clothing; uniform

> gwisg ffansi: fancy dress
> gwisg ysgol: school uniform

gwisgo *be*: to dress, to wear

gwiwer *eb*: squirrel

gwlad *eb* (gwledydd): country

> gwlad fawr: a large country
> cefn gwlad: countryside
> Gwlad Belg: Belgium
> Gwlad Groeg: Greece

gwlyb *a*: wet

gwneud *be*: to do; to make

> gwneud y gwaith:
>   to do the work
> gwneud teisen:
>   to make a cake

gwobr *eb* (gwobrau): prize

  y wobr gyntaf: the first prize

gŵr *eg* (gwŷr): man; husband

gwragedd *gw* gwraig

gwraig *eb* (gwragedd):

  wife; woman

gwrando (ar) *be*: to listen (to)

gwregys *eg*: belt

gwres *eg*: heat, warmth

gwres canolog *eg*:

  central heating

gwybod *be*: to know

gwybodaeth *eb*: knowledge

gwych *a*: excellent,

  brilliant, great

gwydr *eg* (gwydrau): glass

gwydraid *eg*: glass(ful)

  gwydraid o laeth:

    a glass of milk

gwyddbwyll *eb*: chess

gwyddoniaeth *eb*: science

gwyddonydd *eg*: scientist

gwyddor *eb*: alphabet

  yr wyddor Gymraeg:

    the Welsh alphabet

  yr wyddor Saesneg:

    the English alphabet

gŵyl *eb* (gwyliau):

  holiday, festival

  gŵyl y banc: bank holiday

  gwyliau'r haf:

    the summer holidays

gwylio *be*: to watch

gwylio'r teledu *be*:

  to watch television

gwyllt *a*: wild

gwyn *a*: white

gwynt *eg* (gwyntoedd): wind

gwyntog *a*: windy

gwŷr *gw* gŵr

gwyrdd *a*: green

gyda / 'da *ardd*: with

gyferbyn *ardd*: opposite

  gyferbyn â'r parc:

    opposite the park

gymnasteg *eb*: gymnastics

gyrru *be*: to drive

gyrrwr bws *eg*: bus driver

a
b
c
ch
d
dd
e
f
ff
G ···
ng
h
i
j
l
ll
m
n
o
p
ph
r
rh
s
t
th
u
w
y

Ng ng

There's a big glasshouse in the National Botanical Garden of Wales

Mae tŷ gwydr mawr yng **Ng**ardd Fotaneg Genedlaethol Cymru

Gardd Fotaneg Genedlaethol Cymru

haearn *eg*: an iron; iron

haf *eg*: summer

halen *eg*: salt

hamdden *eb*: leisure

hamster *eg* (hamsteriaid):
hamster

hances *eb*: handkerchief

hanes *eg*: history; story

gwers hanes: history lesson

hanes Ann Frank:
Ann Frank's story

hanner *eg*: half

hanner awr wedi deg:
half past ten

hanner cant: fifty

hanner dydd: midday

hanner nos: midnight

hanner y dosbarth:
half the class

yr hanner arall:
the other half

hapus *a*: happy

hardd *a*: beautiful

haul *eg*: sun

hawdd *a*: easy

heb *ardd*: without

hedfan *be*: to fly

heddiw / heddi *adf*: today

heddlu *eg*: police force

hefyd *adf*: also, as well

heibio *ardd*: past

hel *be*: to gather, to collect

hela *be*: to hunt

helfa drysor *eb*: treasure hunt

help *eg*: help

helpu *be*: to help

hen *a*: old

heno *adf*: tonight

heol *eb* (heolydd): road

het *eb* (hetiau): hat

heulog *a*: sunny

hi *rhag*: she; her

hir *a*: long

hobi *eg* (hobïau): hobby

hoci *eg*: hockey

hoci iâ *eg*: ice hockey

hofrennydd *eg*: helicopter

hoff *a*: favourite

> **fy hoff actor**: my favourite actor

hoffi *be*: to like

hogan *eb*: girl

hogyn *eg*: boy

holl *a*: all

> **yr holl amser**: all the time
> **yr holl arian**: all the money

hon *rhag*: this; this one (fem.)

pwy ydy hon?: who is this?

> **y ferch hon**: this girl

hosan *eb* (hosanau / sanau): sock, stocking

hud *eg*: magic

hufen *eg*: cream

hufen iâ *eg*: ice cream

hwn *rhag*: this; this one (masc.)

> **pwy ydy hwn?**: who is this?
> **y dyn hwn**: this man

hwyaden *eb* (hwyaid): duck

hwyl[1] *eb*: fun; goodbye

> **llawer o hwyl**: a lot of fun
> **hwyl fawr**: goodbye

hwyl[2] *eb* (hwyliau): sail

hwylio *be*: to sail

hwyr *a*: late

hyd[1] *eg*: length

hyd[2] *ardd*: until, till; up to

> **o hyd**: still; always
> **ar hyd y nos**: all through the night

hydref[1] *eg*: autumn

Hydref[2] *eg*: October

hyfryd *a*: lovely, nice, pleasant

hyll *a*: ugly

hysbyseb *eb* (hysbysebion): advertisement

i¹ *rhag*: I

i² *ardd*: to; for

> **mynd i Ffrainc**:
> to go to France
> **sglodion i de**: chips for tea
> **i'r chwith**: to the left
> **i'r dde**: to the right

i fyny *ardd*: up

> **i fyny'r grisiau**: upstairs

i ffwrdd *ardd*: away; off

i gyd *a*: all

> **y plant i gyd**: all the children

i lawr *ardd*: down

> **dwylo i lawr**: hands down
> **i lawr y grisiau**: downstairs

i mewn *ardd*: in(to)

> **dewch i mewn**: come in

iâ *eg*: ice

iach / iachus *a*: healthy

iaith *eb* (ieithoedd): language

iâr *eb* (ieir):
hen

iâr fach yr haf *eb*: butterfly

iard *eb*: yard

iawn *adf, a*: very; OK, fine

> **da iawn, diolch**:
> very well, thanks
> **gwaith da iawn**:
> very good work
> **popeth yn iawn**:
> everything's OK

iechyd *eg*: health

> **Iechyd da!**:
> Good health! / Cheers!

ieir *gw* iâr

ieithoedd *gw* iaith

ieuenctid *eg*: youth

ifanc *a*: young

injan dân *eb*: fire engine

iogwrt *eg*: yoghurt

Ionawr *eg*: January

is *a*: lower

isel *a*: low

Iwerddon *eb*: Ireland

jac codi baw *eg*: JCB

jam *eg*: jam

jar *eb*: jar

jeli *eg* (jelis): jelly

jig-so *eg*: jigsaw

jîns *ell*: jeans

jiraff *eg*: giraffe

jôc *eb* (jôcs): joke

jwdo *eg*: judo

jwg *egb*: jug

jyngl *eb*: jungle

label *egb* (labeli): label
lamp *eb* (lampau): lamp
lan *adf*: up
  lan a lawr: up and down
  lan llofft: upstairs
larwm *eg*: an alarm
lawnt *eb*: lawn
lawr *gw* i lawr *neu* llawr
lawr llawr *adf*: downstairs
lein ddillad *eb*: clothes line
lemonêd *eg*: lemonade
lemwn *eg*: lemon
letys *ell*: lettuce
lindys / lindysyn *eg*: caterpillar
litr *eg* (litrau): litre
lol *eb*: nonsense

lolfa *eb*: lounge, sitting room
lolipop *eg*: lollipop
  dyn lolipop: lollipop man
  dynes lolipop: lollipop lady
  menyw lolipop: lollipop lady
loncian *be*: to jog
  siwt loncian: jogging suit
  sgidiau loncian: trainers
lôn *eb* (lonydd): lane
lori *eb* (lorïau): lorry
losin *ell*: sweets
lwc *eb*: luck
  dim lwc: no luck
  lwc dda: good luck
  wrth lwc: luckily
lwcus *a*: lucky

llaeth *eg*: milk

llafnrolio *be*:
to rollerblade

llais *eg* (lleisiau):
voice

llanast *eg*: mess

llaw *eb* (dwylo): hand

llawen *a*: merry; happy

llawer *a*: many, a lot

> **llawer o blant**:
> many children
> **llawer o sŵn**: a lot of noise

llawn *a*: full

llawr *eg*: floor

llawysgrifen *eb*: handwriting

lle *eg*: place; space

> **ffeindiwch le**: find a space
> **ewch i'ch lle**:
> go to your place

lledr *eg*, *a*: leather

lledrith *eg*: magic

llefrith *eg*: milk

lleidr *eg* (lladron): thief

lleisiau *gw* llais

llen *eb* (llenni): curtain

llenwi *be*: to fill

lleol *a*: local

llestr *eg* (llestri): dish

llethr *eb*: slope

llethr sgio *eb*: ski slope

lleuad *eb*: moon

llew *eg* (llewod): lion

lliain *eg*: cloth

lliain bwrdd / lliain bord *eg*:
table cloth

llidiart *eg*: gate

llinell *eb* (llinellau): line

llithren *eb*: slide

llithrig *a*: slippery

llithro *be*: to slide, to slip

lliw *eg* (lliwiau): colour

lliwio *be*: to colour (in)

lliwgar *a*: colourful

llo *eg*: calf

Lloegr *eb*: England

lloeren *eb*: satellite

llofnod *eg*: signature,
autograph

llofft *eb* (llofftydd):
bedroom; loft

llong *eb* (llongau): ship

> **llong hwyliau**: a sailing ship
>
> **llong ofod**: a space ship

llongyfarch *be*: to congratulate

llongyfarchiadau *ell*:
congratulations

llonydd *a*: still

> **sefwch yn llonydd**: stand still

llosgi *be*: to burn

lluchio *be*: to throw

llun *eg* (lluniau): picture

llwnc *eg*: throat

llwnc tost *eg*: a sore throat

llwy *eb* (llwyau): spoon

> **llwy de**: teaspoon
>
> **llwy garu**: lovespoon

llwyaid *eb*: spoonful

> **llwyaid o siwgr**:
> a spoonful of sugar

llwybr *eg* (llwybrau): path

llwybr cyhoeddus *eg*:
public footpath

llwyd *a*: grey

llwyfan *egb*: stage

llwynog *eg*: fox

llyfr *eg* (llyfrau): book

llyfrgell *eb*: library

llyffant *eg* (llyffantod): toad; frog

llygad *egb* (llygaid): eye

llygoden *eb* (llygod): mouse

llygoden fawr *eb*: rat

llyn *eg*: lake

llynedd *adf*: last year

llysfam *eb*: stepmother

llysiau *ell*: vegetables

llystad *eg*: stepfather

llythyr *eg* (llythyrau): letter

> **ysgrifennu llythyr**:
> to write a letter

llythyren *eb* (llythrennau):
letter (a, b, c)

'ma *gw* yma

mab *eg* (meibion): son; boy

  côr meibion: male voice choir

mabolgampau *ell*: sports

madarch *ell*: mushrooms

maes *eg* (meysydd): field; ground

  maes awyr: airport

  maes chwarae:

    playing field

  maes parcio: car park

Mai *eg*: May

mainc *eb*: bench

maint *eg*: size

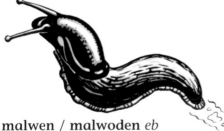

malwen / malwoden *eb*
  (malwod): slug, snail

mam *eb* (mamau): mother

mam-gu *eb*: grandmother

man *egb*: place

map *eg* (mapiau): map

marc *eg* (marciau): mark

marchnad *eb*: market

marchogaeth *be*:
  to ride (a horse)

marmalêd *eg*: marmalade

marw *be*: to die

mas *adf*: out

mat *eg* (matiau): mat

math *eg*: sort, type

mathemateg *eb*: mathematics

mawr *a*: big

medal *eb* (medalau): medal

medd *b*: says

  'Gwrandewch,'
    medd yr athro:
    'Listen,' says the teacher

meddai *b*: said

  'Dwi'n mynd,' meddai hi:
    'I'm going,' she said

meddal *a*: soft

meddwl *be*: to think

meddyg *eg* (meddygon): doctor

meddygfa *eb*: surgery

mefus *ell*: strawberries

Mehefin *eg*: June

meibion *gw* mab

mêl *eg*: honey

melin *eb* (melinau): mill

> **melin flawd**: flour mill
> **melin wynt**: windmill

melyn *a*: yellow

melys *a*: sweet

melysion *ell*: sweets

mellt *ell*: lightning

> **mellt a tharanau**:
> lightning and thunder

menig *ell*: gloves

menyn *eg*: butter

> **bara menyn**:
> bread and butter

menyw *eb* (menywod): woman

merch *eb* (merched): girl;
daughter

merlen *eb* / **merlyn** *eg*
(merlod): pony

merlota *be*: to pony-trek

mesur *be*: to measure

mewn *ardd*: in; in a

> **dewch i mewn**: come in
> **byw mewn tŷ**:
>   to live in a house

meysydd *gw* maes

mi / fi *rhag*: me; I

microdon *eb*: microwave

mil *eb* (miloedd): thousand

miliwn *eb* (miliynau): million

milltir *eb* (milltiroedd): mile

miniwr *eg*: sharpener

mis *eg* (misoedd): month

> **mis Ionawr**: January
> **mis Chwefror**: February
> **mis Mawrth**: March
> **mis Ebrill**: April
> **mis Mai**: May
> **mis Mehefin**: June
> **mis Gorffennaf**: July
> **mis Awst**: August
> **mis Medi**: September
> **mis Hydref**: October
> **mis Tachwedd**: November
> **mis Rhagfyr**: December

a
b
c
ch
d
dd
e
f
ff
g
ng
h
i
j
l
ll
M •••
n
o
p
ph
r
rh
s
t
th
u
w
y

moch *gw* mochyn

mochyn *eg* (moch): pig

mochyn gini *eg*: guinea pig

modrwy *eb*: ring

modryb *eb*: aunt

moddion *eg*: medicine

molchi *gw* ymolchi

môr *eg*: sea

> **ar lan y môr:**
> at/by the seaside
> **Môr Hafren:**
> the Bristol Channel
> **Môr Iwerddon:**
> the Irish Sea
> **Môr Iwerydd:**
> the Atlantic Ocean
> **y Môr Tawel:**
> the Pacific Ocean
> **Môr y Canoldir:**
> the Mediterranean Sea
> **Môr y Caribî:**
> the Caribbean Sea

môr-leidr *eg* (môr-ladron):
pirate

moron *ell*: carrots

morwr *eg* (morwyr): sailor

mosg *eg*: mosque

munud *egb* (munudau): minute

> **arhoswch funud:**
> wait a minute
> **pum munud wedi naw:**
> five (minutes) past nine

mur *eg* (muriau): wall

mwd *eg*: mud

mwg *eg*: smoke

mwyar duon *ell*: blackberries

mwydyn *eg* (mwydod): worm

mwynhau *be*: to enjoy

mynd *be*: to go

> **mynd am dro:**
> to go for a walk

mynd â *be*: to take

> **mynd â llyfr adre:**
> to take a book home

mynedfa *eb*: entrance

mynydd *eg* (mynyddoedd):
mountain

'na *gw* yna

nabod *gw* adnabod

Nadolig *eg*: Christmas

 Nadolig llawen:
  merry Christmas

nadredd *gw* neidr

naddwr *eg*: sharpener

nai *eb*: nephew

nain *eb*: grandmother

natur *eb*: nature

naw *a*, *rhif*: nine

nawr *adf*: now

neb *eg*: no one, nobody

 ddaeth neb: no one came

neges *eb*: message

neidio *be*: to jump

neidr *eb* (nadredd): snake

neis *a*: nice

neithiwr *adf*: last night

nesa / nesaf *a*: next

neu *cys*: or

neuadd *eb*: hall

 neuadd y pentref:
  village hall
 neuadd y ddinas: city hall

newid[1] *eg*: a change; change

newid[2] *be*: to change

newydd *a*: new

newyddion *ell*: news

nhw *rhag*: they; them

ni *rhag*: we; us

nifer (o) *egb*: a number (of)

nionyn *eg* (nionod): onion

nith *eg*: niece

a
b
c
ch
d
dd
e
f
ff
g
ng
h
i
j
l
ll
m
N···
o
p
ph
r
rh
s
t
th
u
w
y

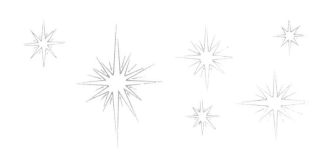

niwl *eg*: fog, mist

niwlog *a*: foggy, misty

nofio *be*: to swim

nôl *be*: to fetch

nos *eb* (nosau): night

   nos da: good night

   nos Sul: Sunday night

   nos Lun: Monday night

   nos Fawrth:
     Tuesday night

   nos Fercher:
     Wednesday night

   nos Iau: Thursday night

   nos Wener: Friday night

   nos Sadwrn:
     Saturday night

noson *eb*: evening; night

   noson tân gwyllt:
     bonfire night

   noson brysur:
     a busy evening

noswaith *eb*: evening

   noswaith dda:
     good evening

nyrs *eb* (nyrsys): nurse

nyth *egb*: nest

o[1] *ardd*: from; of

> **mynd adre o'r ysgol**:
> to go home from school
> **llawer o blant**:
> a lot of children

o[2] *gw* ef

o dan *ardd*: under

o flaen *ardd*: in front of

o gwmpas *ardd*: around

ochr *eb* (ochrau): side

od *a*: odd, strange

oed / oedran *eg*: age

oen *eg* (ŵyn): lamb

oer *a*: cold

oergell *eb*: fridge, refrigerator

ofn *eg*: fear

ofnadwy *a*: terrible, awful

ogof *eb* (ogofeydd): cave

oherwydd *cys*: because

ôl *a*: back

> **dod yn ôl**: to come back
> **yn ôl ac ymlaen**:
> backwards and forwards
> **amser maith yn ôl**:
> a long time ago

ola / olaf *a*: last, final

> **dod yn olaf**: to come last

olwyn *eb* (olwynion): wheel

oren[1] *eg* (orennau): orange

oren[2] *a*: orange

oriau *gw* awr

oriawr *eb*: watch

pa? *a*: what?, which?

> pa faint?: what size?
> pa fath?: what kind?
> pa liw?: what colour?
> pa un?: which one?

pabell *eb* (pebyll): tent

paced *eg* (pacedi): packet

pacio *be*: to pack

padell *eb*: pan

padell ffrio *eb*: frying pan

paent *eg*: paint

pafin *eg*: pavement

paid *b*: don't (to one person)

> paid â rhedeg: don't run

palmant *eg*: pavement

pam? *gof*: why?

pannas *ell*: parsnips

paned *gw* cwpanaid

pantomeim *eg*: pantomime

papur *eg* (papurau): paper

> papur lapio: wrapping paper
> papur newydd: a newspaper
> papur pum punt: a £5 note

pâr *eg* (parau): pair, couple

paratoi *be*: to prepare

parc *eg* (parciau): park

> Parc-Cenedlaethol Eryri:
>   Snowdonia National Park

parod *a*: ready

parot *eg*: parrot

parsel *eg* (parseli): parcel

parti *eg* (partïon): party

Pasg *eg*: Easter

past dannedd *eg*: toothpaste

patrwm *eg* (patrymau):
  pattern

pawb *eg:* everybody, everyone

pebyll *gw* pabell

pecyn *eg* (pecynnau): packet

> **pecyn o losin:**
> a packet of sweets

pedair *a, rhif:* four

> **pedair chwaer:** four sisters

pedwar *a, rhif:* four

> **pedwar deg:** forty
> **pedwar brawd:** four brothers

peidio *be:* to stop; not to (do)

peidiwch *b:* don't

> **peidiwch â siarad:** don't talk

peint *eg* (peintiau): pint

peintio *be:* to paint

peiriant golchi *eg:*
washing-machine

pêl *eb* (peli): ball

pêl-droed *eg:* football

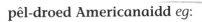

pêl-droed Americanaidd *eg:*
American football

pêl-fas *eg:* baseball

pêl-fasged *eg:* basketball

pêl-foli *eg:* volleyball

pêl-rwyd *eg:* netball

pell *a:* far

pen *eg* (pennau): head, top,
end; pen

> **pen tost:** a headache
> **Pen-y-bont ar Ogwr:**
> Bridgend
> **pen (ysgrifennu):**
> a (writing) pen

pen-blwydd *eg:* birthday

> **pen-blwydd hapus:**
> happy birthday

penderfynu *be:* to decide

pennaeth *eg:* head;
headteacher

> **pennaeth yr adran:**
> the head of department

pennill *eg* (penillion): verse

pen ôl *eg:* bottom

pensaer *eg:* architect

pensil *eg* (pensiliau): pencil

pentref *eg* (pentrefi): village

penwythnos *eg*: weekend

peren *eb* (pêr): pear

person *eg*: person

pert *a*: pretty

peryglus *a*: dangerous

peswch *eg*: cough

pesychu *be*: to cough

peth *eg* (pethau): thing

piano *eg* (pianos): piano

picnic *eg* (picnics): picnic

pili-pala *eg* (pili-palod): butterfly

pinc *a*: pink

planed *eb* (planedau): planet

> **y blaned Mercher**: the planet Mercury

planhigyn *eg* (planhigion): plant

plannu *be*: to plant

plant *gw* plentyn

plât *eg* (platiau): plate

plentyn *eg* (plant): child

plentynnaidd *a*: childish

plisman / plismon *eg* (plismyn): policeman

plu *gw* pluen

pluen *eb* (plu): feather

pluen eira *eb*: snowflake

plygu *be*: to bend, to fold

pob[1] *a*: every

> **pob plentyn**: every child
> **pob lwc**: good luck
> **bob bore**: every morning
> **bob dydd**: every day

pob[2] *a*: baked

> **ffa pob**: baked beans
> **taten bob**: a baked potato

pobi *be*: to bake

pobl *eb*: people

> **pobl Cymru**: the people of Wales

pobydd *eg*: baker

poced *egb* (pocedi): pocket

poen *egb* (poenau): pain

poeni *be*: to worry

poenus *a*: painful

poeth *a*: hot

pont *eb* (pontydd): bridge

  Pont Hafren:

    the Severn Bridge

  Pont Menai:

    the Menai Bridge

popeth *eg*: everything

  popeth yn iawn:

    everything's fine

popty *eg*: oven

porffor *a*: purple

popgorn *eg*: popcorn

posib / posibl *a*: possible

post *eg*: mail, post

poster *eg* (posteri): poster

postio *be*: to post

postmon *eg*: postman

potel *eb* (poteli): bottle

powdr golchi *eg*: soap powder

powlen *eb* (powlenni):
  bowl, basin

prawf *eg* (profion): test

pren *eg*: wood

pren mesur *eg*: ruler

pres *eg*: money, brass

pridd *eg*: soil

prifathrawes *eb*: headmistress

prifathro *eg*: headmaster

prifddinas *eb*: capital city

priodas *eb*: marriage, wedding

priodi *be*: to marry

pris *eg* (prisiau): price

problem *eb* (problemau):
  problem

profion *gw* prawf

pryd *eg* (prydau): meal

pryd? *adf*: when?

Prydain *eb*: Britain

prydferth *a*: beautiful

pryf / pry *eg* (pryfed): insect; fly

pryf copyn *eg*: spider

pryf genwair *eg*: worm

prynhawn *eg*: afternoon

> **prynhawn da**:
>   good afternoon
> **prynhawn dydd Sul**:
>   Sunday afternoon
> **y prynhawn 'ma**:
>   this afternoon

prynu *be*: to buy

prysur *a*: busy

pum / pump *a, rhif*: five

> **pum deg**: fifty
> **pum bachgen**: five boys
> **pum oren**: five oranges
> **pump o blant**: five children

punnoedd *gw* punt

punt *eb* (punnoedd): pound

> **darn punt**: a pound coin
> **deg punt**: £10

pupur *eg*: pepper

pwdin *eg*: pudding

> **pwdin Nadolig**:
>   Christmas pudding
> **pwdin reis**: rice pudding

pwll *eg*: pool; mine

> **pwll nofio**: a swimming pool
> **pwll glo**: a coal mine

pwrs *eg*: purse

pwnc *eg* (pynciau): subject

pwyntio *be*: to point

pwy? *rhag*: who?

pwysig *a*: important

pynciau *gw* pwnc

pys *ell*: peas

pysgodyn *eg* (pysgod): fish

> **pysgodyn aur**: a goldfish
> **pysgod trofannol**:
>   tropical fish
> **pysgod a sglodion**:
>   fish and chips

pysgota *be*: to fish

pythefnos *egb*: fortnight

Dyma Elin. Mae ei **ph**en-blwydd hi heddiw. Mae hi'n ddeg.

This is Elin. It's her birthday today. She's ten.

a
b
c
ch
d
dd
e
f
ff
g
ng
h
i
j
l
ll
m
n
o
p
PH··
r
rh
s
t
th
u
w
y

'r *gw* y

raced *eb* (racedi): racket

raced sboncen:
squash racket

radio *eg*: radio

raffl *eb*: raffle

rafft *eb* (rafftiau): raft

ras *eb* (rasys): race

rasio *be*: to race

rasio beiciau:
bicycle racing

rasio beiciau modur:
motorcycle racing

rasio ceffylau: horse racing

rasio ceir: car racing

record *eb* (recordiau): record

recorder *eg* (recorders):
recorder

recordio *be*: to record

recordydd tâp *eg*: tape recorder

reis *eg*: rice

robin goch *eg*: robin

robot *eg* (robotiaid): robot

roced *eb* (rocedi): rocket

rownd *a*: round

rownderi *ell*: rounders

ruban *gw* rhuban

rŵan *adf*: now

rwber *eg*: rubber

rygbi *eg*: rugby

rysáit *eb*: recipe

Rhrh

rhad *a*: cheap; free

rhaeadr *eb*: waterfall

rhaff *eb*: rope

rhaff sgipio *eb*: skipping rope

Rhagfyr *eg*: December

rhaglen *eb* (rhaglenni):
   programme

> rhaglen deledu:
>   television programme
> rhaglen y dydd:
>   the day's programme

rhagor *a*: more

> rhagor o gawl: more soup

rhagorol *a*: excellent

rhai *rhag*: some

rhaid *eg*: must

> rhaid i chi redeg:
>   you must run
> rhaid i mi fynd: I must go

rhan *eb* (rhannau): part

> rhannau'r corff:
>   parts of the body

rhannu *be*: to share

rhaw *eb*: spade

rhedeg *be*: to run

rheilffordd *eg*: railway

rheol *eb* (rheolau): rule

rhes *eb* (rhesi): line, row

> gwnewch res: make a line
> sefwch mewn rhes:
>   stand in line

rhestr *eb*: list

rhestr siopa *eb*: shopping list

rheswm *eg*: reason

rhew *eg*: frost, ice

rhewgell *eb*: freezer

rhewi *be*: to freeze

rhiant *eg* (rhieni): parent

rhieni *gw* rhiant

rhif *eg* (rhifau): number

rhif 3: number 3

rhifo *be*: to count

rhiw *eb* (rhiwiau): hill

rhodd *eb* (rhoddion): gift, present

rhoi *be*: to give; to put

rholio *be*: to roll

rhost *a*: roast, roasted

rhostio *be*: to roast

rhosyn *eg* (rhosynnau): rose

rhuban / ruban *eg* (rhubanau): ribbon

rhwng *ardd*: between

rhwyd *eb* (rhwydi): net

rhwydd *a*: easy

rhwyfo *be*: to row

rhy *adf*: too

rhy boeth: too hot

rhyfedd *a*: strange, odd

rhywbeth *eg*: something

rhywle *adf*: somewhere

rhywun *eg*: someone

sach *eb* (sachau): sack

sach gysgu *eb*: sleeping bag

saer *eg* (seiri): carpenter

Saesneg *eb, a*: English
(language)

saethu *be*: to shoot

sain *eb*: sound

saith *a, rhif*: seven

sâl *a*: ill

salad *eg* (saladau): salad

sanau *gw* hosan

sandal *eg* (sandalau): sandal

sant *eg* (seintiau): saint

Dewi Sant: Saint David

sawl? *a*: how many?

sawl dosbarth?:
how many classes?

saws *eg* (sawsiau): sauce

sbageti *eg*: spaghetti

sbâr *a*: spare

sbectol *eb* (sbectolau): glasses,
spectacles

sbectol haul *eb*: sunglasses

sboncen *eb*: squash

chwarae sboncen:
to play squash

sbwriel *eg*: rubbish

sebon *eg*: soap

bar sebon: bar of soap

opera sebon: soap opera

sedd *eb* (seddau / seddi): seat

sefyll *be*: to stand

seiclo *be*: to cycle

seintiau *gw* sant

seiri *gw* saer

sêl *eb*: sale

selsigen *eb* (selsig): sausage

sêr *gw* seren

seren *eb* (sêr): star

> **seren yn yr awyr:**
> a star in the sky
> **sêr pop:** pop stars
> **seren bop:** a pop star
> **seren fôr:** a starfish

set *eb* (setiau): set

> **set o gardiau:** a set of cards

sêt *eb* (seti): seat

sgarff *eb*: scarf

sgert *eb*: skirt

sgidiau *gw* esgid

sgio *be*: to ski

> **sgio ar yr eira:** to ski on snow
> **sgio dŵr:** to water ski

sgipio *be*: to skip

sglefrio *be*: to skate

sglefrolio *be*: to rollerskate

sglodion *ell*: chips

sgôr *eg*: score

sgorio *be*: to score

sgrech *eb*: scream

sgrechian *be*: to scream

sgrifennu *gw* ysgrifennu

sgrin *eb*: screen

sgwâr *egb* (sgwariau): square

sgwrs *eb* (sgyrsiau): conversation, chat

sgwrsio *be*: to chat, to converse

sgwter *eg*: scooter

sgyrsiau *gw* sgwrs

siaced *eb* (siacedi): jacket

sialc *eg*: chalk

siampŵ *eg*: shampoo

sianel *eb*: channel

> **Sianel Pedwar:**
> Channel Four
> **Sianel Pedwar Cymru** (S4C):
> the Welsh Fourth Channel

siâp *eb* (siapiau): shape

siarad *be*: to speak

siawns *egb*: chance

sibrwd *be*: to whisper

sicr *a*: sure

sied *eb*: shed

siglen *eb*: swing
siglo *be*: to swing; to shake
silff *eb* (silffoedd): shelf
sillafu *be*: to spell
simnai *eb*: chimney
sinc *eb*: sink
sinema *eb*: cinema
sioc *eg*: shock
siocled *eg* (siocledi): chocolate

sioe *eb* (sioeau): show
  Sioe Frenhinol Cymru:
    the Royal Welsh Show
  sioe ffasiwn: a fashion show
siomedig *a*: disappointing,
  disappointed
Siôn Corn *eg*: Santa Claus,
  Father Christmas

siop *eb* (siopau): shop
  siop deganau: a toy shop
  siop ddillad: a clothes shop
  siop y pentref: the village shop
siopa *be*: to shop
siopwr *eg* (siopwyr): shopkeeper
siorts *ell*: shorts
sir *eb* (siroedd): county, shire
  cyngor sir: county council
  Sir Benfro: Pembrokeshire
si-so *eg*: see-saw
siswrn *eg*: scissors
siwgr *eg*: sugar
siŵr *a*: sure
siwmper *eb*: jumper
siwrnai *eb*: journey
siwt *eb* (siwtiau): suit
sleid *eb* (sleidiau): slide
sliper *eb* (sliperi): slipper
smocio *be*: to smoke
smwddio *be*: to iron
smygu *gw* ysmygu
snwcer *eg*: snooker
sôn (am) *be*: to mention
sosban *eb*: saucepan
sosej *eb* (sosejys): sausage
soser *eb* (soseri): saucer
stabl *eb* (stablau): stable

a
b
c
ch
d
dd
e
f
ff
g
ng
h
i
j
l
ll
m
n
o
p
ph
r
rh
S •
t
th
u
w
y

sut? *adf*: how?

sw *egb*: zoo

swm *eg* (symiau): sum

sŵn *eg* (synau): noise, sound

swnllyd *a*: noisy

swper *egb*: supper

sws *eb* (swsus): kiss

stadiwm *eb*: stadium

> **Stadiwm y Mileniwm:**
> the Millennium Stadium

stafell *gw* ystafell

stamp *eb* (stampiau): stamp

stof *eb*: stove

stôl *eb* (stolion): stool; chair

stondin *eg* (stondinau): stall

stopio *be*: to stop

stori *eb* (storïau / straeon): story

storm *eb* (stormydd): storm

stormus *a*: stormy

straeon *gw* stori

stryd *eb* (strydoedd): street

stumog *eb*: stomach

stŵr *eg*: noise

sudd *eg*: juice

> **sudd oren**: orange juice

sur *a*: sour

swydd *eb* (swyddi): job

swyddfa *eb*: office

> **swyddfa bost**: post office
> **swyddfa'r heddlu:**
> police station

sych *a*: dry

sychu *be*: to dry

sydyn *a*: sudden

sylwi *be*: to notice

symud *be*: to move

synagog *eg*: synagogue

syrcas *eg*: circus

sym *eg* (syms): sum

symiau *gw* swm

syml *a*: simple

synau *gw* sŵn

syniad *eg* (syniadau): idea

syrthio *be*: to fall

syth *a*: straight

tabl *eg* (tablau): table

　　tabl tri: the three times table

taclo *be*: to tackle

taclus *a*: tidy, neat

　　gwaith taclus: neat work

tacluso *be*: to tidy

tacsi *eg*: taxi

Tachwedd *eg*: November

tad *eg* (tadau): father

tad-cu *eg*: grandfather

tafarn *egb*: pub, tavern

taflu *be*: to throw

tafod *eb* (tafodau): tongue

tai *gw* tŷ

taid *eg*: grandfather

tair *a, rhif*: three

　　tair merch: three girls

taith *eb* (teithiau): journey

tal *a*: tall

talcen *eg*: forehead

talu *be*: to pay

tamaid (o) *eg*: a bit (of),
　　a piece (of)

tan[1] *ardd*: till, until

tan[2] *gw* dan

tân *eg*: fire

tân gwyllt *eg*: firework(s)

tanc *eg*: tank

tanc pysgod *eg*: fish tank

tap *eg* (tapiau): tap

tâp *eg* (tapiau): tape

　　tâp caset: a cassette tape

　　tâp fideo: a video tape

taran *eb* (taranau): thunder

tarian *eb*: shield

taro *be*: to hit, to strike

tarten *eb*: tart

tarten afalau *eb*: apple tart

taten *eb* (tatws / tato): potato

taten bob: a baked potato

tatws *gw* taten

tawel *a*: quiet

te *eg*: tea

tebot *eg*: teapot

technoleg *eb*: technology

technoleg gwybodaeth *eb*:
    information technology

tedi *eg* (tedis): teddy bear

teg *a*: fair

tegan *eg* (teganau): toy

tegell *eg*: kettle

tei *egb* (teis): tie

teiar *eg* (teiars): tyre

teimlo *be*: to feel

teipio *be*: to type

teisen *eb* (teisennau): cake

teisen ben-blwydd *eb*:
    birthday cake

teitl *eg*: title

teits *ell*: tights

teithio *be*: to travel

teithiau *gw* taith

teledu *eg*: television

teledu digidol:
    digital television

teledu lloeren:
    satellite television

teleffon *eg*: telephone

telyn *eb* (telynau): harp

teml *eg*: temple

tenau *a*: thin, slim

tennis *eg*: tennis

tennis bwrdd *eg*:
    table tennis

teulu *eg* (teuluoedd):
    family

tew *a*: fat

ti / di /chdi *rhag*: you

ticed *eg* (ticedi): ticket

tîm *eg* (timau): team

tinsel *eg*: tinsel

tipyn *eg*: a little, a bit

tipyn o fara: a little bread

tipyn o hwyl: a bit of fun

tipyn bach: a little bit

tir *eg*: land, ground

tisian *be*: to sneeze

tlawd *a*: poor

tlws[1] *eg* (tlysau): jewel; trophy

tlws[2] *a*: pretty

tlysau *gw* tlws

to *eg* (toeau): roof

tocyn *eg* (tocynnau): ticket

tocyn raffl *eg*: raffle ticket

toddi *be*: to melt

toeau *gw* to

toiled *eg* (toiledau): toilet

tomato *eg* (tomatos): tomato

ton *eg* (tonnau): wave

tonnau'r môr:
the waves of the sea

tôn *eg* (tonau): tune

tonnau *gw* ton

torheulo *be*: to sunbathe

torri *be*: to cut; to break

torri bara: to cut bread

torri coes: to break a leg

torth *eb* (torthau): loaf

torth o fara: a loaf of bread

tost[1] *a*: sore, bad; ill

tost[2] *eg*: toast

tractor *eg* (tractorau): tractor

traed *gw* troed

traeth *eg* (traethau): beach

traffordd *eb* (traffyrdd):
motorway

traffordd yr M4:
the M4 motorway

tre / tref *eb* (trefi): town

Trefaldwyn: Montgomery

Trefynwy: Monmouth

Treffynnon: Holywell

Trehopcyn: Hopkinstown

trefn *eb*: order

mewn trefn: in order

yn nhrefn yr wyddor:
in alphabetical order

trefnu *be*: to arrange

treinyrs *ell*: trainers

trên *eg* (trenau): train

trên sgrech *eg*: ghost train

treulio (amser) *be*: to spend (time)

tri *a*, *rhif*: three

tri deg: thirty

tri bachgen: three boys

a
b
c
ch
d
dd
e
f
ff
g
ng
h
i
j
l
ll
m
n
o
p
ph
r
rh
s
T •••
th
u
w
y

tric *eg* (triciau): trick

triongl *eg* (trionglau): triangle

trip *eg* (tripiau): trip

trip ysgol *eg*: school trip

trist *a*: sad

tro *eg* (troeon): turn

troed *egb* (traed): foot

troeon *gw* tro

troi *be*: to turn

tros *gw* dros

trowsus *eg*: trousers

trueni *eg*: pity

> dyna drueni: what a pity

trwm *a*: heavy

trwmped *eg*: trumpet

trwser *eg*: trousers

trwsio *be*: to mend

trwy *gw* drwy

trwyn *eg* (trwynau): nose

trydan[1] *eg*: electricity

trydan[2] *a*: electric

> gitâr drydan: electric guitar
>
> tân trydan: electric fire

trydanwr *eg*: electrician

trysor *eg* (trysorau): treasure

trywsus *eg*: trousers

tu allan (i)/ tu fas (i) *ardd*:
  outside

tu mewn (i) *ardd*: inside

tu ôl (i) *ardd*: behind

tua *ardd*: about

> tua naw o'r gloch:
>   about 9 o'clock
> tuag at: towards

tudalen *egb* (tudalennau): page

tun *eb* (tuniau): tin

twll *eg* (tyllau): hole

twnnel *eg*: tunnel

> Twnnel y Sianel:
>   the Channel Tunnel

twp *a*: stupid

tŵr *eg*: tower

twrci *eg*: turkey

twrw *eg*: noise

twt *a*: tidy, neat

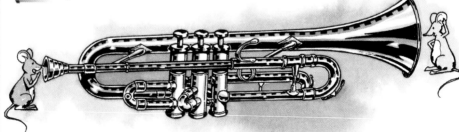

twym *a*: warm, hot

tŷ *eg* (tai): house

  tŷ ar wahân:
    detached house

  tŷ bach: toilet

  tŷ doli: doll's house

  tŷ gwydr: greenhouse,
    glasshouse

tybed *b*: I wonder

tyfu *be*: to grow

tylwyth teg *ell*: fairies

tyllau *gw* twll

tylluan *eb*: owl

tymor *eg* (tymhorau):
  season; term

  y pedwar tymor:
    the four seasons

  tymor y gaeaf:
    the winter term

  tymor y gwanwyn:
    the spring term

  tymor yr haf:
    the summer term

  tymor yr hydref:
    the autumn term

tyn *a*: tight

tynnu *be:* to draw; to pull

  tynnu llun: to draw a picture

  tynnu ar raff:
    to pull on a rope

tyrd *b*: come (to one person)

  tyrd yma: come here

tywel *eg*: towel

tywod *eg*: sand

tywydd *eg*: weather

tywyll *a*: dark

tywysog *eg* (tywysogion): prince

tywysoges *eb* (tywysogesau):
  princess

theatr *eb*: theatre

thermomedr *eg*: thermometer

uchel *a*: high

uchelwydd *eg*: mistletoe

ugain *a, rhif*: twenty

   ugain munud:
      twenty minutes

un *a, rhif*: one

un ar ddeg *a, rhif*: eleven

unawd *eg*: solo

unig *a*: lonely; only

   plentyn unig: a lonely child

   unig blentyn: an only child

unrhyw *a*: any

unrhyw beth *eg*: anything

unrhyw un *eg*: anyone

unwaith *adf*: once

   ar unwaith: at once

   unwaith eto:
      once again

ust! *ebd*: hush!

uwchben *ardd*: above

uwd *eg*: porridge

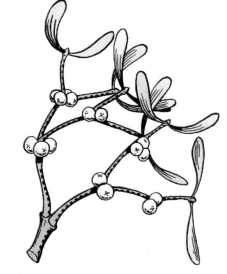

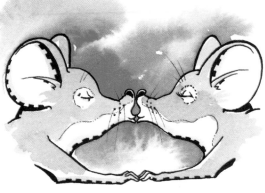

wal *eb* (waliau): wall

wats *eb*: watch

wedi *ardd*: past; after; has, have

> chwarter wedi tri:
>   a quarter past three
> Pwy sy wedi ennill?:
>   Who has won?

wedyn *adf*: afterwards, then

weithiau *adf*: sometimes

winwnsyn *eg* (winwns): onion

> Sioni Winwns:
>   Johnny Onions

wncwl / wncl *eg*: uncle

wrth *ardd*: by

> wrth y wal: by the wall

wy *eg* (wyau): egg

> wy Pasg: Easter egg
> wy wedi'i ferwi: boiled egg
> wy wedi'i ffrio: fried egg

ŵyn *gw* oen

wyneb *eg* (wynebau): face

ŵyr *eg*: grandson

wyres *eb*: granddaughter

wyth *a*, *rhif*: eight

wythnos *eb* (wythnosau): week

> am wythnos: for a week
> bob wythnos: every week
> wythnos o wyliau:
>   a week's holiday

y / yr / 'r: the

 y ci: the dog

 yr afal: the apple

 a'r ci: and the dog

ych! *ebd*: yuk!

 ych a fi!: yuk!

ychydig *eg*: a little

 ychydig o arian:

  a little money

 ychydig o fwyd: a little food

 am ychydig: for a little while

ŷd *eg*: corn

ŷd melys *eg*: sweetcorn

yfed *be*: to drink

yfory / fory *adf*: tomorrow

 bore fory: tomorrow morning

ynghyd *adf*: together

 dwylo ynghyd:

  hands together

yma / 'ma *adf, a*:

 here; this; these

 dewch yma: come here

y bore 'ma: this morning

y llyfrau 'ma: these books

yr wythnos yma: this week

ymarfer *egb* (ymarferion):

 practice, exercise

 ymarfer côr: choir practice

ymarfer *be*: to practise

 ymarfer dawnsio:

  to practise dancing

ymbarél *eg* (ymbarelau):

 umbrella

ymlacio *be*: to relax

ymladd *be*: to fight

ymlaen *adf*: forward, forwards

ymolchi / molchi *be*: to have

 a wash, to wash (oneself)

ymyl *eg* (ymylon): edge

  wrth ymyl: next to

yn *ardd:* in (the)

  yn Wrecsam: in Wrexham

  yn y tŷ: in the house

  yn yr ardd: in the garden

yna / 'na *a*: that; those

  y llyfr yna: that book

  y plant yna: those children

yno *adf*: there

ynys *eb* (ynysoedd): island

  Ynys Môn: Anglesey

  Ynysoedd y Sianel:

    the Channel Islands

yr *gw* y

ysbryd *eg* (ysbrydion): ghost

ysbyty *eg*: hospital

ysgafn *a*: light

  mor ysgafn â phluen:

    as light as a feather

ysgol[1] *eb* (ysgolion): school

  ysgol feithrin:

    nursery school

  ysgol gyfun:

    comprehensive school

  ysgol gynradd:

    primary school

  ysgol uwchradd:

    secondary school

ysgol[2] *eb* (ysgolion): ladder

ysgrifennu / sgrifennu *be*:
to write

ysgwyd *be*: to shake

ysgwyd llaw: to shake hands

ysgwydd *eb* (ysgwyddau):
shoulder

ysmygu / smygu *be*: to smoke

dim ysmygu: no smoking

ystafell / stafell *eb*
(ystafelloedd / stafelloedd):
room

ystafell fyw: living room

ystafell wely: bedroom

ystafell ymolchi:
bathroom

ystyr *egb*: meaning

about	am, tua	after	ar ôl, wedi
above	uwchben	afternoon	prynhawn
absent	absennol	afterwards	wedyn
to accept	derbyn	again	eto
accident	damwain	against	yn erbyn
accountant	cyfrifydd	age	oed, oedran
across	ar draws	to agree	cytuno
to act	actio	airport	maes awyr
actor	actor	alarm	larwm
actress	actores	alarm clock	cloc larwm
an address	cyfeiriad	all	cwbl, holl, i gyd
to address	cyfeirio	all right	o'r gorau,
advertisement	hysbyseb		gweddol
aeroplane	awyren	almost	bron
		along	ar hyd
		alphabet	gwyddor
		also	hefyd
		always	o hyd
		amazing	anhygoel
		ambulance	ambiwlans
		and	a, ac
		animal	anifail
		another	arall
		an answer	ateb

to **answer**	ateb	to **ask**	gofyn
any	unrhyw	**assembly**	gwasanaeth
anyone	unrhyw un	**at**	am, ar
anything	unrhyw beth	**at home**	gartre, gartref
apart	ar wahân	**at last**	o'r diwedd
apple	afal	**at once**	ar unwaith
April	Ebrill	**athletics**	athletau
architect	pensaer	**audience**	cynulleidfa
arm	braich	**August**	Awst
around	o gwmpas	**aunt**	modryb, anti
to **arrange**	trefnu	**autograph**	llofnod
to **arrest**	arestio	**author**	awdur
to **arrive**	cyrraedd	**autumn**	hydref
art	celf	**awake**	ar ddihun
artist	arlunydd	**away**	i ffwrdd, bant
as usual	fel arfer	**awful**	ofnadwy

baby	baban, babi	**baked beans**	ffa pob
back	cefn	**baked potato**	taten bob
bacon	cig moch	**baker**	pobydd
bad	drwg	**ball**	pêl
badge	bathodyn	**balloon**	balŵn
to **bake**	pobi	**banana**	banana
baked	pob	**bank**[1]	banc

bank[2] (of river) glan

to **bark**	cyfarth
baseball	pêl-fas
basin	powlen
basketball	pêl-fasged
bath	bath
bathroom	ystafell ymolchi
bay	bae
to **be**	bod
to **be able to**	gallu
to **be mad about**	dwlu ar
beach	traeth
beans	ffa
beard	barf
to **beat**	bwrw, curo
beautiful	hardd, prydferth
because	achos, oherwydd
bed	gwely
bedroom	ystafell wely, llofft
beef	cig eidion
before	cyn
to **begin**	cychwyn, dechrau
behind	tu ôl (i)
to **believe**	credu

bell	cloch
belly	bol, bola
a **belt**	gwregys, belt
bench	mainc
to **bend**	plygu
bent	cam
best	gorau
better	gwell
between	rhwng
big	mawr
bike	beic
bin	bin
bird	aderyn, deryn
birthday	pen-blwydd
birthday card	cerdyn pen-blwydd, carden ben-blwydd
bit (of)	tamaid (o), tipyn (o)
to **bite**	brathu, cnoi
black	du
blackboard	bwrdd du

blackberries	mwyar duon	brilliant	gwych
to bleed	gwaedu	to bring	dod â
blood	gwaed	Britain	Prydain
blouse	blows	brother	brawd
blue	glas	brown	brown
bluebells	clychau'r gog	a brush	brws
boat	bad, cwch	to brush	brwsio
body	corff	budgie	byji
bogey	bwgan	to build	adeiladu
to boil	berwi	builder	adeiladwr
bonfire	coelcerth	building	adeilad
bonfire night	noson tân gwyllt	a bully	bwli
		to bully	bwlian
book	llyfr	to burn	llosgi
boring	diflas	bus	bws
bottle	potel	bus driver	gyrrwr bws
bottom[1]	pen ôl	bus station	gorsaf bysiau
bottom[2] (of)	gwaelod	bus stop	arhosfan bysiau
bowl	dysgl, powlen		
box	blwch, bocs	busy	prysur
boy	bachgen, hogyn	but	ond
brass	pres	butcher	cigydd
bread	bara	butter	menyn
a break (time)	egwyl	butterfly	pili-pala,
to break	torri		iâr fach yr haf
breakfast	brecwast	to buy	prynu
to breathe	anadlu	by	erbyn, gan, wrth
bridge	pont		

a

B ••

c

d

e

f

g

h

i

j

k

l

m

n

o

p

q

r

s

t

u

v

w

x

y

z

	cabbage	bresych	cartoon	cartŵn
	cafe	bwyty, caffi	cassette tape	tâp caset
	cake	cacen, teisen	castle	castell
	calf	llo	cat	cath
to	call	galw	to catch	dal
	camera	camera	caterpillar	lindys(yn)
a	camp	gwersyll		
to	camp	gwersylla		
	can (=able to)	gallu	cathedral	eglwys
	cap	cap		gadeiriol
	capital city	prifddinas	cattle	gwartheg
	car	car	cave	ogof
	car-boot sale	sêl cist car	CD	cryno-ddisg
	car park	maes parcio	to celebrate	dathlu
	caravan	carafán	central heating	gwres
	card	carden, cerdyn		canolog
	care	gofal	centre¹	canol
	careful	gofalus	a centre² (a building)	
	caretaker	gofalwr		canolfan
	carpenter	saer	century	canrif
	carol	carol	chain	cadwyn
	carpet	carped	chair	cadair
	carrots	moron	chalk	sialc
to	carry	cario	chance	cyfle, siawns

(a) change	newid	chips	sglodion
to change	newid	chocolate	siocled
channel	sianel	choir	côr
chapel	capel	to choose	dewis
a chat	sgwrs	Christmas	Nadolig
to chat	sgwrsio	Christmas tree	coeden Nadolig
to chatter	clebran		
cheap	rhad	church	eglwys
a cheek	boch	cinema	sinema
cheese	caws	circle	cylch
chef	cogydd	circus	syrcas
chess	gwyddbwyll	city	dinas
chest	cist	to clap	clapio, curo dwylo
to chew	cnoi		
chicken (meat)	cyw iâr	class	dosbarth
child	plentyn	to clean	glanhau
childish	plentynnaidd	clean	glân
chimney	simnai	to clear	clirio
		clear	clir
		to climb	dringo
		clock	cloc
		close	agos
		to close	cau
		closed	ar gau
		cloth	lliain
		clothes	dillad
		clothes line	lein ddillad
		cloud	cwmwl

cloudy	cymylog		concert	cyngerdd
clown	clown	to	congratulate	llongyfarch
club	clwb		congratulations	
clue	cliw			llongyfarchiadau
coal	glo	to	connect	cysylltu
coal mine	pwll glo		conversation	sgwrs
coal miner	glöwr	to	converse	sgwrsio
coast(line)	arfordir	a	cook	cogydd
coat	cot, côt	to	cook	coginio
coffee	coffi	to	copy	copïo
a cold	annwyd		corn	ŷd
cold	oer		corner	cornel
to collect	casglu, hel		cornflakes	creision ŷd
a colour	lliw		correct	cywir
to colour (in)	lliwio	to	cost	costio
colourful	lliwgar	a	cough	peswch
to comb	cribo	to	cough	pesychu
to come	dod	to	count	cyfrif, rhifo
come¹	dewch		country	gwlad
come² (to one person)			countryside	cefn gwlad
	dere, tyrd		county	sir
compact disc	cryno-ddisg		couple	pâr
company	cwmni		cousin (female)	cyfnither
to compete	cystadlu		cousin (male)	cefnder
competition	cystadleuaeth		cover	clawr
to complain	cwyno		cow	buwch
to complete	gorffen		cream	hufen
computer	cyfrifiadur		cricket	criced

crisps	creision	crow	brân
crooked	cam	cruel	creulon
cross	blin, crac	to cry	crio
a cross	croes	cup	cwpan
to cross	croesi	cup of tea	cwpaned o de, paned o de
crossroad	croesffordd		
		cup(ful)	cwpanaid, cwpaned, paned
		cupboard	cwpwrdd
		curly	cyrliog
		curtain	llen
		to cut	torri
		to cycle	seiclo, beicio

Dd

daffodil	cenhinen Pedr	day	dydd, diwrnod
a dance	dawns	dear[1] (= expensive)	drud
to dance	dawnsio	dear[2]	annwyl
dangerous	peryglus	Dear[3] (to start letter)	Annwyl
dark	tywyll		
date	dyddiad	December	Rhagfyr
date of birth	dyddiad geni	to decide	penderfynu
daughter	merch	dentist	deintydd

to **depend**	dibynnu	**down**	i lawr
to **describe**	disgrifio	**downstairs**	i lawr y grisiau,
a **desk**	desg		lawr llawr
a **detective**	ditectif	**dozen**	dwsin
diary	dyddiadur	**dragon**	draig
dictionary	geiriadur		
to **die**	marw		
difference	gwahaniaeth		
different	gwahanol		
difficult	anodd		
digital	digidol		
dinner	cinio		
direction	cyfeiriad		
dirt	baw		
dirty	brwnt, budr		
a **disco**	disgo	to **draw**	tynnu
to **disappear**	diflannu	to **draw a picture**	tynnu llun
disappointed	siomedig	**drawer**	drôr
disappointing	siomedig	a **dream**	breuddwyd
dish	dysgl, llestr	to **dream**	breuddwydio
district	ardal	a **dress**	ffrog
to **do**	gwneud	to **dress**	gwisgo
doctor	meddyg, doctor	a **drink**	diod
dog	ci	to **drink**	yfed
don't[1]	peidiwch	**driver**	gyrrwr
don't[2] (to one person)	paid	to **dry**	sychu
door	drws	**dry**	sych
to **dote on**	dwlu ar	**duck**	hwyaden

ear	clust	to **end**	gorffen
earache	clust dost, pigyn clust	**England**	Lloegr
early	cynnar	**English** (language)	Saesneg
earrings	clustdlysau	to **enjoy**	mwynhau
east	dwyrain	**enough**	digon
Easter	Pasg	**entrance**	mynedfa
Easter egg	wy Pasg	**envelope**	amlen
easy	hawdd, rhwydd	**equal**	cyfartal
		estuary	aber
to **eat**	bwyta	**Europe**	Ewrop
edge	ymyl	**even**	hyd yn oed
education	addysg	**evening**	noson, noswaith
egg	wy		
eight	wyth	**every**	pob
eisteddfod	eisteddfod	**everybody**	pawb
electric	trydan	**everyone**	pawb, pob un
electrician	trydanwr		
electricity	trydan	**everything**	cwbl, popeth
eleven	un ar ddeg, un deg un	**excellent**	gwych, rhagorol, ardderchog
an **e-mail**	e-bost		
empty	gwag	**exciting**	cyffrous
an **end**	diwedd, pen	an **excuse**	esgus

to **excuse**	esgusodi	to **explain**	egluro, esbonio
an **exit**	allanfa	to **extend**	estyn
expensive	costus, drud	**eye**	llygad

face	wyneb	**fashion**	ffasiwn
fact	ffaith	**fashionable**	ffasiynol
factory	ffatri	**fat**	tew
a **fair**	ffair	**father**	tad
fair	teg, golau	**Father Christmas**	Siôn Corn
fair hair	gwallt golau	**favourite**	hoff
fair play	chwarae teg	**fear**	ofn
fairies	tylwyth teg	**feat**	camp
to **fall**	cwympo,	**feather**	pluen
	syrthio	**February**	Chwefror
family	teulu	to **feed**	bwydo
famous	enwog	to **feel**	teimlo
fancy dress	gwisg ffansi	**ferry**	fferi
fantastic	bendigedig	**festival**	gŵyl
far	pell	to **fetch**	nôl
a **farm**	ffarm, fferm	a **field**	cae, maes
to **farm**	ffermio	**fifty**	hanner cant,
farmer	ffermwr		pum deg
farmhouse	ffermdy	to **fight**	ymladd

to **fill**	llenwi	**flag**	baner
a **film**	ffilm	a **flat**	fflat
to **film**	ffilmio	**flavour**	blas
to **find**	ffeindio	**floor**	llawr
fine	braf, iawn	**flour**	blawd
finger	bys	a **flower**	blodyn
to **finish**	gorffen	**flu**	ffliw
a **fire**	tân	**flute**	ffliwt
fire engine	injan dân	a **fly**	cleren, pryf, pry
firefighter	diffoddwr tân	to **fly**	hedfan
		fog	niwl
		foggy	niwlog
		to **fold**	plygu
		to **follow**	dilyn
		food	bwyd
		foolish	ffôl, gwirion
		foot	troed
		football	pêl-droed
		for	am, i
		for sale	ar werth
		forehead	talcen
		forest	fforest, coedwig
firework(s)	tân gwyllt	to **forget**	anghofio
first	cynta, cyntaf	**fork**	fforc
first aid	cymorth cyntaf	a **form**	ffurflen
a **fish**	pysgodyn	**fort**	caer
to **fish**	pysgota	**fortnight**	pythefnos
fisherman	pysgotwr	**forward(s)**	ymlaen
five	pump, pum		

	fountain	ffynnon	from	o
	four	pedwar, pedair	frost	rhew
	fox	cadno, llwynog	fruit	ffrwythau
a	frame	ffrâm	to fry	ffrio
	France	Ffrainc	full	llawn
	free	rhad, am ddim	fun	hwyl
to	freeze	rhewi	funny	doniol
	freezer	rhewgell	furniture	celfi, dodrefn
	French (language)	Ffrangeg		
	fresh	ffres		
	Friday	dydd Gwener		
	fridge	oergell		
	friend	ffrind		
	friendly	cyfeillgar		
	frock	ffrog		
	frog	broga, llyffant		

	game	gêm		gate	clwyd, gât,
	games	chwaraeon			giât, llidiart
	garage	garej	to	gather	hel
a	garden	gardd		gem	gem
to	garden	garddio		gentle	tyner

geography	daearyddiaeth	golf	golff
German (language)		good	da
	Almaeneg	goodbye	hwyl,
Germany	yr Almaen		hwyl fawr,
to get	cael		da bo chi
to get better	gwella	granddaughter	wyres
to get tired	blino	grandfather	tad-cu, taid
to get up	codi	grandmother	mam-gu,
ghost	ysbryd, bwgan		nain
ghost train	trên sgrech	grandson	ŵyr
giant	cawr	graph	graff
gift	anrheg, rhodd	grass	glaswellt,
giraffe	jiraff		gwair
girl	merch, hogan,	great	grêt, gwych
	geneth	green	gwyrdd
to give	rhoi	greenhouse	tŷ gwydr
glass	gwydr	grey	llwyd
glass(ful)	gwydraid	ground	tir
glasses	sbectol	group	grŵp
glasshouse	tŷ gwydr	to grow	tyfu
gloves	menig	guinea pig	mochyn gini
glue	glud	guitar	gitâr
to glue	gludo	gymnasium	campfa
to go	mynd	gymnastics	gymnasteg
goal	gôl		
goat	gafr		
gold	aur		
goldfish	pysgodyn aur		

hail	cenllysg, cesair	head² (of school)	pennaeth (yr ysgol)
to hail	bwrw cenllysg, bwrw cesair	headache	pen tost
hair	gwallt	headmaster	prifathro
half	hanner	headmistress	prifathrawes
hall	neuadd	headteacher	pennaeth
hamster	hamster, bochdew	health	iechyd
		healthy	iachus, iach
hand	llaw	to hear	clywed
handkerchief	hances	heart	calon
handsome	golygus	heat(ing)	gwres
handwriting	llawysgrifen	heavy	trwm
to happen	digwydd	hedgehog	draenog
happy	llawen, hapus	helicopter	hofrennydd
hard	caled	help	cymorth, help
harp	telyn	to help	helpu
a harvest	cynhaeaf	a hen	iâr
hat	het	her	hi, ei
to hate	casáu	here	yma
to have	cael	here is, here are	dyma
to have a wash	ymolchi	hero	arwr
hay	gwair	heroine	arwres
he	ef, e, fe, o, fo	to hide	cuddio
head¹	pen	high	uchel

hill	rhiw, bryn	**hospital**	ysbyty
him	ef, e, fe, o, fo	**hot**	poeth, twym
his	ei	**hotel**	gwesty
history	hanes	**hour**	awr
to **hit**	bwrw, taro	**house**	tŷ
hobby	hobi	**how many?**	faint?, sawl?
hockey	hoci	**how much?**	faint?
hole	twll	**how?**	sut?
holidays	gwyliau	**huge**	enfawr
holly	celyn	**hundred**	cant, can
a **home**	cartref	to **hunt**	hela
home(wards)	adre, adref	to **hurry**	brysio
homework	gwaith cartref	to **hurt**	brifo
honey	mêl	**husband**	gŵr
to **hope**	gobeithio	**hush!**	ust!
horse	ceffyl	**hymn**	emyn

a
b
c
d
e
f
g
H · ·
i
j
k
l
m
n
o
p
q
r
s
t
u
v
w
x
y
z

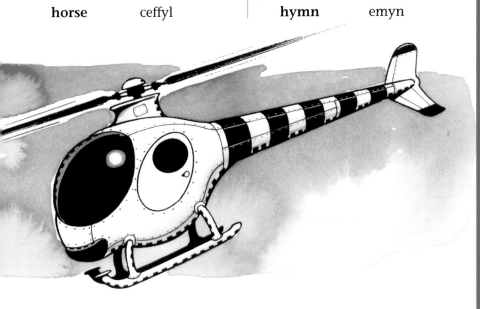

I	i, mi, fi	information	
ice	rhew, iâ	technology	technoleg
ice cream	hufen iâ		gwybodaeth
ice hockey	hoci iâ	to injure	brifo
idea	syniad	insect	pryf, pry
ill	sâl, tost	inside	tu mewn (i)
important	pwysig	interest	diddordeb
impossible	amhosib,	interesting	diddorol
	amhosibl	interval	egwyl
to improve	gwella	to introduce	cyflwyno
in¹ (a)	mewn	invitation	gwahoddiad
in² (the)	yn	to invite	gwahodd
in front of	o flaen	Ireland	Iwerddon
in(to)	i mewn i	(an) iron	haearn
incorrect	anghywir	to iron	smwddio
incredible	anhygoel	island	ynys
influenza	ffliw	it doesn't matter	
			(does) dim ots

jacket	siaced	January	Ionawr
jam	jam	jar	jar

JCB	jac codi baw	**judo**	jwdo
jeans	jîns	**jug**	jwg
jelly	jeli	**juice**	sudd
jewel	tlws, gem	**July**	Gorffennaf
jigsaw	jig-so	**jumble sale**	ffair sborion
job	swydd	to **jump**	neidio
to **jog**	loncian	**jumper**	siwmper
jogging suit	siwt loncian	**June**	Mehefin
a **joke**	jôc	**jungle**	jyngl
journey	siwrnai, taith		

to **keep**	cadw
to **keep fit**	cadw'n heini
kettle	tegell
key	agoriad, goriad, allwedd
to **kick**	cicio
kind	caredig
king	brenin
a **kiss**	cusan, sws
to **kiss**	cusanu
kitchen	cegin
knife	cyllell

to **knock**	cnocio, curo
to **know**[1] (a fact)	gwybod
to **know**[2] (a person)	adnabod, nabod
knowledge	gwybodaeth

label	label
ladder	ysgol
ladybird	buwch goch gota
lake	llyn
a **lamb**	oen
lamb (meat)	cig oen
lamp	lamp
land	tir
to **land** (boat, ship, plane)	glanio
lane	lôn
language	iaith
last[1] (= final)	ola, olaf
last[2] (= most recent)	diwetha, diwethaf
last night	neithiwr
last year	llynedd
late	hwyr
to **laugh**	chwerthin
lawn	lawnt
to **lay the table**	gosod y bwrdd
lazy	diog
leaf	deilen

to **learn**	dysgu
leather	lledr
to **leave**	gadael
leek	cenhinen
left	chwith
leg	coes
leisure	hamdden
leisure centre	canolfan hamdden

lemon	lemwn	living room	ystafell fyw
lemonade	lemonêd	loaf	torth
length	hyd	local	lleol
lesson	gwers	a lock	clo
letter[1]	llythyr	to lock	cloi
letter[2] (of the alphabet)		locked	ar glo
	llythyren	loft	llofft
lettuce	letys	lollipop	lolipop
library	llyfrgell	lonely	unig
a lie	celwydd	long	hir
to lie down	gorwedd	to look (at)	edrych (ar)
lifeboat	bad achub,	to look after	gofalu am
	cwch achub	to look for	chwilio am,
to lift (up)	codi		edrych am
a light	golau	lorry	lori
light (weight)	ysgafn	to lose	colli
lightning	mellt	lost	ar goll
to like	hoffi	a lounge	lolfa
like	fel	love	cariad
line	llinell, rhes	to love	caru
lion	llew	lovely	hyfryd
a list	rhestr	lovespoon	llwy garu
to listen (to)	gwrando (ar)	low	isel
litre	litr	lower	is
a little	tipyn, ychydig	luck	lwc
little	bach	luckily	wrth lwc
to live	byw	lucky	lwcus
lively	bywiog		

a
b
c
d
e
f
g
h
i
j
k
L ••
m
n
o
p
q
r
s
t
u
v
w
x
y
z

magazine	cylchgrawn	medicine	moddion, ffisig
magic	lledrith, hud	to meet	cwrdd, cyfarfod
mail	post	meeting	cyfarfod
to make	gwneud	to melt	toddi
man	dyn, gŵr	member	aelod
many	llawer	to mend	trwsio
map	map	to mention	sôn (am)
March	Mawrth	menu	bwydlen
a mark	marc	merry	llawen
market	marchnad	mess	llanast,
marmalade	marmalêd		annibendod
marriage	priodas	message	neges
to marry	priodi	microwave	microdon
mat	mat	midday	hanner dydd
match (a game)	gêm	middle	canol
mathematics	mathemateg	midnight	hanner nos
May	Mai	mid-Wales	y Canolbarth,
maybe	efallai		canolbarth
me	mi, fi		Cymru
meal	pryd	mile	milltir
meaning	ystyr	milk	llaeth, llefrith
to measure	mesur	mill	melin
meat	cig	million	miliwn
medal	medal	a mine	pwll

minute	munud		
mirror	drych		
miserable	diflas		
missing	ar goll		
mist	niwl		
mistletoe	uchelwydd		
misty	niwlog	motorway	traffordd
to mix	cymysgu	mountain	mynydd
mobile phone	ffôn symudol	mouse	llygoden
Monday	dydd Llun	mouth	ceg
money	arian, pres	mouth of a river	aber
money-box	cadw-mi-gei	to move	symud
month	mis	muck	baw
moon	lleuad	mud	mwd
more	rhagor	museum	amgueddfa
morning	bore	mushrooms	madarch
mosque	mosg	music	cerddoriaeth
mother	mam	must	rhaid
motor bike	beic modur	my	fy

a name	enw	naughty	drwg
nasty	cas	near[1]	agos
national	cenedlaethol	near[2]	ger
nature	natur	nearly	bron

neat	taclus, twt	nobody	neb
neck	gwddf, gwddw,	none	dim
	gwddwg	no one	neb
need	eisiau	noise	sŵn, twrw, stŵr
nephew	nai	noisy	swnllyd
nest	nyth	nonsense	lol, dwli
net	rhwyd	north	gogledd
netball	pêl-rwyd	nose	trwyn
new	newydd	not at all	dim o gwbl
news	newyddion	not to (do)	peidio
newspaper	papur newydd	nothing	dim, dim byd
next	nesa, nesaf	to notice	sylwi
next to	ar bwys,	nought	dim
	wrth ymyl	November	Tachwedd
nice	neis, hyfryd	now	rŵan, nawr
niece	nith	a number	rhif
night	nos, noson	a number (of)	nifer (o)
nine	naw	a nurse	nyrs

to obtain	cael	off	i ffwrdd
October	Hydref	to offer	cynnig
odd	od, rhyfedd	office	swyddfa
of	o	often	yn aml

OK	iawn, o'r gorau	to **open**	agor
old	hen	**open**	ar agor, agored
on	ar	**opportunity**	cyfle
on fire	ar dân	**opposite**	gyferbyn (â)
once	unwaith	**or**	neu
one	un	an **orange**	oren
		orange	oren
		orange juice	sudd oren
		order	trefn
		other	arall, eraill
		our	ein
		out	allan, mas
onion	winwnsyn, nionyn	**outside**	tu allan (i), tu fas (i)
only[1]	unig	**oven**	ffwrn, popty
only[2]	dim ond, yn unig	**over**	dros, tros
		owl	gwdihŵ, tylluan

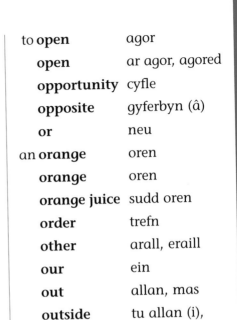

to **pack**	pacio	to **paint**	peintio
packet	paced, pecyn	**pair**	pâr
page	tudalen	**pan**	padell
pain	poen	**pancake**	crempog
painful	poenus	**pantomime**	pantomeim
paint	paent	**paper**	papur

a b c d e f g h i j k l m n o P q r s t u v w x y z

parcel	parsel	to **phone**	ffonio
parent	rhiant	**photographer**	ffotograffydd
parents	rhieni	**physical education**	addysg
park	parc		gorfforol
parrot	parot	**piano**	piano
parsnips	pannas	**picnic**	picnic
part	rhan	**picture**	llun
party	parti	a **piece (of)**	tamaid (o)
to **pass**	estyn	**pig**	mochyn
past[1] (time)	wedi	**pilot**	peilot
past[2]	heibio	**pink**	pinc
path	llwybr	**pint**	peint
pattern	patrwm	**pirate**	môr-leidr
pavement	pafin, palmant	a **pity**	trueni
to **pay**	talu	a **place**	lle, man
peas	pys	**planet**	planed
pear	peren	a **plant**	planhigyn
peel	croen	to **plant**	plannu
pen	pen	**plate**	plât
	(ysgrifennu)	to **play**	chwarae
pencil	pensil	to **play the piano**	canu'r piano
penny	ceiniog	**player**	chwaraewr
people	pobl	**pleasant**	hyfryd, braf
pepper	pupur	**plenty**	digon
perhaps	efallai	**pocket money**	arian poced
person	person	**poem**	cerdd
pet	anifail anwes	to **point**	pwyntio
a **phone**	ffôn	**police force**	heddlu

police station	gorsaf yr heddlu, swyddfa'r heddlu
policeman	plisman, plismon
pony	merlyn, merlen
to pony-trek	merlota
a pool	pwll
poor	tlawd
pop star	seren bop
pop group	grŵp pop
popcorn	popgorn
porridge	uwd
possible	posibl, posib
post (= letters)	post
to post	postio
post office	swyddfa bost
postcard	cerdyn post, carden bost
poster	poster
postman	postmon
potato	taten

pound (£)	punt
pound coin	darn punt
to pour	arllwys
a practice	ymarfer
to practise	ymarfer
to praise	canmol
to pray	gweddïo
prayer	gweddi
to prepare	paratoi
a present	anrheg, rhodd
pretty	pert, tlws, del
price	pris
prince	tywysog
princess	tywysoges
prize	gwobr
problem	problem
programme	rhaglen
to promise	addo
pub	tafarn
public footpath	llwybr cyhoeddus
pudding	pwdin
to pull	tynnu
pupil	disgybl
purple	porffor
purse	pwrs
to put	gosod, dodi, rhoi

quarter	chwarter	quick	cyflym
queen	brenhines	quiet	tawel
question	cwestiwn	quite	eitha, eithaf

rabbit	cwningen	ready	parod
a race	ras	real	gwir
to race	rasio	reason	rheswm
racket	raced	recipe	rysáit
radio	radio	recitation	adroddiad
a raffle	raffl	to recite	adrodd
raffle ticket	tocyn raffl	to recognize	adnabod,
raft	rafft		nabod
railway	rheilffordd	a record	record
rain	glaw	to record	recordio
to rain	bwrw glaw	recorder	recorder
rainbow	enfys	red	coch
raincoat	cot law, côt law	refrigerator	oergell
rat	llygoden fawr	a register	cofrestr
to read	darllen	to register	cofrestru

rehearsal	ymarfer	to **roast**	rhostio
to **relax**	ymlacio	**roast(ed)**	rhost
religious education	addysg	**robin**	robin goch
	grefyddol	**robot**	robot
to **remember**	cofio	a **rock**	craig
a **report**	adroddiad	**rocket**	roced
to **report**	adrodd	to **roll**	rholio
to **rescue**	achub	to **rollerblade**	llafnrolio
restaurant	bwyty	to **rollerskate**	sglefrolio
ribbon	rhuban, ruban	**roof**	to
rice	reis	**room**	ystafell, stafell
rice pudding	pwdin reis	**rope**	rhaff
rich	cyfoethog	**rose**	rhosyn
to **ride** (a horse)	marchogaeth	**round**	rownd, crwn
right (not left)	de	**rounders**	rownderi
a **ring**	modrwy	a **row** (= a line)	rhes
		to **row**	rhwyfo
		rowing boat	bad rhwyfo,
			cwch rhwyfo
		rubber	rwber
		rubbish	sbwriel
		rubbish bin	bin sbwriel
		rugby	rygbi
to **ring**	canu	a **rule**	rheol
to **rise**	codi	**ruler**	pren mesur
river	afon	to **run**	rhedeg
road	ffordd, heol	**runner beans**	ffa dringo
road sign	arwydd ffordd	to **rush**	brysio

a **sack**	sach
sad	trist
a **sail**	hwyl
to **sail**	hwylio
sailing ship	llong hwyliau
sailor	morwr
saint	sant
salad	salad
sale	sêl
salt	halen
sand	tywod
sandal	sandal
sandcastle	castell tywod
sandwich	brechdan
Santa Claus	Siôn Corn
satellite	lloeren
Saturday	dydd Sadwrn
sauce	saws
saucepan	sosban
saucer	soser
sausage	selsigen, sosej
to **save**[1]	achub
to **save**[2] (**money**)	cynilo (arian)
to **say**	dweud

scarecrow	bwgan brain
scarf	sgarff
school	ysgol
school uniform	gwisg ysgol
science	gwyddoniaeth
scientist	gwyddonydd
scissors	siswrn
scooter	sgwter
a **score**	sgôr
to **score**	sgorio
Scotland	yr Alban
to **scratch**	crafu
a **scream**	sgrech
to **scream**	sgrechian
screen	sgrin
sea	môr
to **search (for)**	chwilio (am)
season	tymor
seat	sedd, sêt
a **second**	eiliad
second	ail
secret	cyfrinach
to **see**	gweld
see-saw	si-so

to **sell**	gwerthu		**shelf**	silff
to **send**	anfon		**shield**	tarian
sensible	call		**ship**	llong
separate	ar wahân		**shirt**	crys
series	cyfres		to **shiver**	crynu
service	gwasanaeth		a **shock**	sioc
a **set**	set		**shoe**	esgid
seven	saith		to **shoot**	saethu
shadow	cysgod		a **shop**	siop
to **shake**	crynu,		to **shop**	siopa
	ysgwyd, siglo		**shopkeeper**	siopwr
shampoo	siampŵ		**shopping centre**	canolfan
a **shape**	siâp			siopa
to **share**	rhannu		**shopping list**	rhestr siopa
sharpener	naddwr,		**shorts**	siorts
	miniwr		**shoulder**	ysgwydd
she	hi		to **shout**	gweiddi
shed	sied		a **show**	sioe
sheep	dafad		to **show**	dangos
sheepdog	ci defaid		**shower**	cawod
			side	ochr
			sign	arwydd

a b c d e f g h i j k l m n o p q r **s** t u v w x y z

signature	llofnod
silly	dwl
silver	arian
simple	syml
to sing	canu
a sink	sinc
sister	chwaer
to sit	eistedd
sitting room	lolfa
six	chwech, chwe
sixty	chwe deg
size	maint
to skate	sglefrio
skeleton	sgerbwd
to ski	sgio
ski slope	llethr sgio
skin	croen
to skip	sgipio
skipping rope	rhaff sgipio
skirt	sgert
sky	awyr
to sleep	cysgu
sleeping bag	sach gysgu
a slide	sleid, llithren
to slide	llithro
slim	tenau
to slip	llithro
slipper	sliper

slippery	llithrig
slope	llethr
slow	araf
slug	malwen, malwoden
small	bach
to smile	gwenu
smoke	mwg
to smoke	smocio, ysmygu, smygu
snail	malwen, malwoden
snake	neidr
to sneeze	tisian
snooker	snwcer
snow	eira
to snow	bwrw eira
snowdrop	eirlys
snowflake	pluen eira
soap	sebon
soap opera	opera sebon
soap powder	powdr golchi
sock	hosan
soft	meddal
soil	pridd
a solo	unawd
some	rhai

someone	rhywun
something	rhywbeth
sometimes	weithiau
somewhere	rhywle
son	mab
song	cân
sore	tost
a sort (of)	math (o)
a sound	sŵn, sain
soup	cawl
sour	sur
south	de
a space	lle, gofod
space	gofod
spaceship	llong ofod
spade	rhaw
spaghetti	sbageti
spare	sbâr
to speak	siarad
spectacles	sbectol
to spell	sillafu
to spend (money)	
	gwario (arian)
to spend (time)	treulio (amser)
spider	corryn,
	pryf copyn
spoon	llwy
spoonful	llwyaid

sports	chwaraeon,
	mabolgampau
spring	gwanwyn
a spring	ffynnon
square	sgwâr
squash	sboncen
squirrel	gwiwer
a stable	stabl
stadium	stadiwm
stage	llwyfan
stairs	grisiau

stall	stondin
a stamp	stamp
to stand	sefyll
a star	seren
starfish	seren fôr
to start	cychwyn,
	dechrau

station	gorsaf
to stay	aros
to steal	dwyn
stem	coes
a step	cam
stepfather	llystad
stepmother	llysfam
a stick	ffon
still[1]	llonydd
still[2]	o hyd
stocking	hosan
stomach	bol, bola, stumog
stomach-ache	bola tost
stone	carreg
stool	stôl
to stop	stopio, peidio
storm	storm
stormy	stormus
story	stori, hanes
stove	stof
straight	syth
strange	rhyfedd, od
strawberries	mefus
street	stryd
to strike	taro, bwrw
strong	cryf
stupid	twp

subject	pwnc
sudden	sydyn
sugar	siwgr
a suit	siwt
sum	swm, sym
summer	haf
sun	haul
to sunbathe	torheulo
Sunday	dydd Sul
sunglasses	sbectol haul
sunny	heulog
supermarket	archfarchnad
supper	swper
to support	cefnogi
sure	siŵr, sicr
a surgery	meddygfa
surname	cyfenw
sweet	melys

a b c d e f g h i j k l m n o p q r **S** t u v w x y z

sweetcorn	ŷd melys
sweets	melysion,
	losin, da-da
to swim	nofio

swimming pool	pwll nofio
a swing	siglen
to swing	siglo
synagogue	synagog

table[1]	bwrdd, bord
table[2] (= times table)	tabl
table cloth	lliain bwrdd,
	lliain bord
table tennis	tennis bwrdd
to tackle	taclo
tail	cynffon
to take	cymryd,
	mynd â
tall	tal
tame	dof
tank	tanc
tap	tap
a tape	tâp
tape recorder	recordydd tâp
tart	tarten
a taste	blas
to taste	blasu

tasty	blasus
taxi	tacsi
tea	te
to teach	dysgu
teacher[1] (female)	athrawes
teacher[2] (male)	athro
team	tîm
teapot	tebot
teaspoon	llwy de
teatime	amser te
technology	technoleg
teddy bear	tedi
a telephone	ffôn, teleffon
to telephone	ffonio
television	teledu
to tell	dweud
temple	teml
ten	deg, deng

a
b
c
d
e
f
g
h
i
j
k
l
m
n
o
p
q
r
s
T •
u
v
w
x
y
z

tennis	tennis
tent	pabell
term	tymor
terrible	ofnadwy
a test	prawf
thank you very much	
	diolch yn fawr
thanks	diolch
that	yna, 'na
the	y, yr, 'r
theatre	theatr
their	eu
them	nhw
then	wedyn
there	yno
therefore	felly
thermometer	thermomedr
these	yma, 'ma
they	nhw
thief	lleidr
thin	tenau
thing	peth
to think	meddwl
this	yma, 'ma
this (one)	hwn, hon
this year	eleni
those	yna, 'na
thousand	mil

three	tri, tair
throat	llwnc, gwddf, gwddw, gwddwg
through(out)	drwy, trwy
to throw	taflu, lluchio
thunder	taran
Thursday	dydd Iau
ticket	tocyn, ticed
to tidy	tacluso
tidy	twt, taclus
a tie	tei
to tie	clymu
tight	tyn
tights	teits
till	tan, hyd
time	amser
tin	tun
tinsel	tinsel
to tire	blino
tired	wedi blino
title	teitl
to	i, at
toad	llyffant
toast	tost
today	heddiw, heddi
toilet	toiled, tŷ bach
tomato	tomato

tomorrow	yfory, fory	**traffic lights**	goleuadau traffig
tongue	tafod		
tonight	heno	a **train**	trên
too	rhy	**trainers**	treinyrs, sgidiau loncian
too much	gormod		
tooth	dant		
toothache	dannoedd	to **travel**	teithio
toothbrush	brws dannedd	a **treasure**	trysor
toothpaste	past dannedd	**treasure hunt**	helfa drysor
top	pen	**tree**	coeden
		triangle	triongl
		a **trick**	tric
		a **trip**	trip
		to **trip (up)**	baglu
		trophy	tlws
		trousers	trowsus, trwser, trywsus
		true	gwir
		trumpet	trwmped
		truth	gwir
tortoise	crwban	a **try**	cais
to **touch**	cyffwrdd	to **try**	ceisio
towards	at, tuag at	**Tuesday**	dydd Mawrth
towel	tywel	**tune**	tôn
tower	tŵr	**tunnel**	twnnel
town	tre, tref	**turkey**	twrci
toy	tegan	a **turn**	tro
tractor	tractor	to **turn**	troi

twelve	deuddeg,		**twin**	gefell
	un deg dau		**two**	dau, dwy
twenty	ugain,		a **type** (of)	math (o)
	dau ddeg		to **type**	teipio
twice	dwywaith		**tyre**	teiar

ugly	hyll		**unfortunately**	gwaetha'r
umbrella	ymbarél			modd,
uncle	ewythr, wncl,			yn anffodus
	wncwl		**unlucky**	anlwcus
under	dan, tan, o dan		**untidiness**	annibendod
to **understand**	deall		**untidy**	anniben, blêr
unfortunate	anffodus		**until**	hyd, tan
			up	i fyny, lan
			upstairs	i fyny'r grisiau,
				lan llofft
			us	ni
			to **use**	defnyddio
			usually	fel arfer

valley	cwm	a **view**	golygfa
van	fan	**village**	pentref
vegetables	llysiau	**vinegar**	finegr
verse	pennill	**violin**	ffidil
versus	yn erbyn	**voice**	llais
very	iawn	**volleyball**	pêl-foli
video tape	tâp fideo		

to **wait**	aros	to **wash**	golchi
to **wake (up)**	deffro, dihuno	to **wash (oneself)**	ymolchi, molchi
Wales	Cymru		
a **wall**	mur, wal	to **wash hands**	golchi dwylo
to **walk**	cerdded	to **wash the dishes**	golchi'r llestri
want	eisiau		
warm	cynnes, twym	**washing machine**	peiriant golchi
warmth	gwres	a **watch**	wats, oriawr
		to **watch**	gwylio
		to **watch television**	gwylio'r teledu

water	dŵr		to whisper	sibrwd
waterfall	rhaeadr		a whistle	chwiban
a wave	ton		to whistle	chwibanu
way	ffordd		white	gwyn
weak	gwan		whiteboard	bwrdd gwyn
to wear	gwisgo		who?	pwy?
weather	tywydd		why?	pam?
web	gwe		wife	gwraig
website	gwefan		wild	gwyllt
wedding	priodas		to win	ennill
Wednesday	dydd Mercher		wind	gwynt
week	wythnos			
weekend	penwythnos			
weightlifting	codi pwysau			
a welcome	croeso			
a well	ffynnon			
Welsh (language)	Cymraeg			
Welsh (not language)	Cymreig			
Welshman	Cymro		windmill	melin wynt
Welshwoman	Cymraes		window	ffenest, ffenestr
west	gorllewin		windy	gwyntog
wet	gwlyb		winner	enillydd
what?	beth?, pa?		winter	gaeaf
wheel	olwyn		with	gyda, efo
when?	pryd?		without	heb
where?	ble?		woman	menyw, gwraig, dynes
which?	pa?		I wonder	tybed

wood	pren, coed	to **worry**	becso, poeni, gofidio
word	gair		
work	gwaith	**worst luck**	gwaetha'r modd
to **work**	gweithio		
worker	gweithiwr	to **wound**	brifo
(a) **world**	byd	to **write**	ysgrifennu, sgrifennu
worm	mwydyn, pryf genwair	**wrong**	anghywir

yard	buarth, iard	**you**	ti, di, chdi, chi
year[1]	blwyddyn	**young**	ifanc
year[2] (of age)	blwydd	**your**	dy, eich
yellow	melyn	**youth**	ieuenctid
yesterday	ddoe	**youth club**	clwb ieuenctid
yoghurt	iogwrt	**yuk!**	ych!, ych a fi!

| zero | dim |
| zoo | sw |

a
b
c
d
e
f
g
h
i
j
k
l
m
n
o
p
q
r
s
t
u
v
w
x
y
z •

Yr Amser
The Time

o'r gloch

pum munud i   pum munud wedi

deng munud i   deng munud wedi

chwarter i   chwarter wedi

ugain munud i   ugain munud wedi

pum munud ar hugain i   pum munud ar hugain wedi

hanner awr wedi

deuddeg o'r gloch

un ar ddeg o'r gloch   un o'r gloch

deg o'r gloch   dau o'r gloch

naw o'r gloch   tri o'r gloch

wyth o'r gloch   pedwar o'r gloch

saith o'r gloch   pump o'r gloch

chwech o'r gloch

Anifeiliaid
Animals

aderyn: bird
anifail anwes: pet
bochdew / hamster: hamster
broga: frog
buwch: cow
byji: budgie
cadno / llwynog: fox
cath: cat
ceffyl: horse
ci: dog
ci defaid: sheepdog
crwban: tortoise
cwningen: rabbit
dafad: sheep
draenog: hedgehog

gafr: goat
gwartheg: cattle
jiraff: giraffe
llew: lion
llo: calf
llyffant: toad, frog
llygoden: mouse
llygoden fawr: rat
merlyn / merlen: pony
mochyn: pig
mochyn gini: guinea pig
neidr: snake
oen: lamb
parot: parrot
pysgodyn aur: goldfish
pysgod trofannol: tropical fish

Bwyd
Food

bara: bread
brechdan: sandwich
cacen / teisen: cake
cawl: soup
caws: cheese
cig: meat
coffi: coffee
creision: crisps; flakes
crempog: pancake
cyw iâr: chicken
diod: drink
dŵr: water
ffa pob: baked beans
hufen iâ: ice cream
da-da / losin / melysion:
   sweets
llaeth / llefrith: milk
madarch: mushrooms
mefus: strawberries
mêl: honey

menyn: butter
selsigen / sosej: sausage
sglodion: chips
siocled: chocolate
siwgr: sugar
sudd oren: orange juice
tarten afalau: apple tart
taten bob: baked potato
uwd: porridge
wy: egg

bwyta: to eat
yfed: to drink

Chwaraeon
Games

badminton: badminton
criced: cricket
golff: golf
hoci: hockey

hoci iâ:
   ice hockey
pêl-droed: football
pêl-droed
   Americanaidd:
   American
   football

pêl-fas: baseball
pêl-fasged: basketball
pêl-rwyd: netball
rownderi: rounders
rygbi: rugby
sboncen: squash
snwcer: snooker
tennis: tennis
tennis bwrdd:
   table tennis

cicio: to kick
colli: to lose
curo: to beat
chwarae: to play
dal: to catch

ennill: to win
neidio: to jump
rhedeg: to run
sgorio: to score
taflu: to throw

cais: try
gôl: goal
pêl: ball
raced: racket
tîm: team

Dillad
Clothes

blows: blouse
cap: cap
cot / côt: coat
cot law / côt law: raincoat
crys: shirt
crys-T: T-shirt
esgid: shoe

sbectol: glasses, spectacles
sbectol haul: sunglasses
sgarff: scarf
sgert: skirt
sgidiau loncian / treinyrs: trainers
siaced: jacket

ffrog: dress, frock
gwisg ffansi: fancy dress
gwisg ysgol: school uniform
het: hat
hosan: sock, stocking
jîns: jeans
menig: gloves
sandal: sandal

siorts: shorts
siwmper: jumper
siwt: suit
siwt loncian: jogging suit
teits: tights
trowsus/trwser/trywsus: trousers

gwisgo: to wear; to dress

boch: cheek

bol / bola / stumog: stomach

braich: arm

bys: finger

calon: heart

cefn: back

ceg: mouth

clust: ear

coes: leg

dant: tooth

dwylo: hands

gwallt: hair

gwddf / gwddw / gwddwg: neck, throat

llaw: hand

llwnc: throat

llygad: eye

pen ôl: bottom

tafod: tongue

talcen: forehead

troed: foot

trwyn: nose

wyneb: face

ysgwydd: shoulder

Using the dictionary*
Defnyddio'r geiriadur*

- The dictionary is divided into two sections:
  Welsh–English
  English–Welsh
- The words are arranged in alphabetical order.
- The Welsh alphabet appears on the edge of every page in the Welsh–English section.
- The English alphabet appears on the edge of every page in the English–Welsh section.
- The two alphabets are different.
- In the Welsh–English section, you are given the following information:

  1 a word, in Welsh, printed in bold type;
  2 the part of speech – e.g. feminine noun, verb, adjective – abbreviated in Welsh, and in italics (these are all listed on page 4 of the dictionary);
  3 sometimes, in brackets, the plural of a noun;
  4 the meaning of the word in English, e.g.

  cath *eb* (cathod): cat

- Different punctuation marks are used as follows:

  : in the Welsh–English section, this is followed by the English meaning of the Welsh word, e.g.
  allan *adf*: out

  , in the Welsh–English section, this is used to show different English words that can be used to translate the Welsh word; in the English–Welsh section, it is used to show different Welsh words that can be used to translate the English word, e.g.
  croen *eg*: skin, peel

  a **present** anrheg, rhodd

  ; in the Welsh–English section, this is used when there are two different English meanings for one Welsh word, e.g.
  gwneud *be*: to do; to make

  / in the Welsh–English section, this is used to show that the Welsh word sometimes has a different spelling, e.g.
  tre / tref *eb* (trefi): town

---

* Mae fersiwn Cymraeg o'r adran hon ar gael i'w argraffu ar y wefan:
www.word-for-gair-am.co.uk
* A Welsh version of this section can be printed out from the website:
www.word-for-gair-am.co.uk

- Sometimes numbers are used if what looks like the same word actually has two or more completely different meanings in the other language, e.g.

> **de**[1] *eg*: south
> > **de Cymru**: south Wales
> > **yn y de**: in the south
>
> **de**[2] *eb, a*: right
> > **trowch i'r dde**: turn right
> > **ar y dde**: on the right

> **centre**[1]   canol
> a **centre**[2] (a building)
>   canolfan

- Some Welsh plurals look different from the singular word. In order to help you find them, these plurals have been included in their correct alphabetical order as well as in brackets following the singular word.

    For instance, you see the word 'brodyr' in a Welsh reading passage and you want to know what it means. Look up the word under 'B' and you will find the following entry:

> **brodyr** *gw* brawd

gw is short for 'gweler' which means 'see'. The next step is to look for the word 'brawd', and you will find this:

> **brawd** *eg* (brodyr): brother

As explained above, the word in the brackets is the plural of the word in bold type, so 'brodyr' means 'brothers'.

- Sometimes, in the Welsh–English section, examples of useful phrases are given in order to show how the Welsh word can be used or to make its meaning clear, e.g.

> **amser** *eg* (amserau): time
> > **amser cinio**: lunchtime, dinnertime
> > **amser chwarae**: playtime
> > **amser mynd adre**: time to go home

or

> **ail** *a*: second
> > **yr ail dro**: the second time
>
> **eiliad** *egb* (eiliadau): second
> > **60 eiliad = munud**: 60 seconds = a minute

- You may not always be able to find the Welsh word you are looking for in the Welsh–English section straightaway, because the first letter sometimes changes. Here are two examples to help you find these words.

1 In the sentence 'Beth ydy enw'r gath?', you want to find the meaning of the word **gath**. These are the steps you should follow:

⇨ Turn to the letter 'G' in the Welsh–English section.
⇨ Look for the word 'gath'.
⇨ You cannot find the word 'gath'. Look at the alphabet strip on the edge of the page. The letter 'G' is shown like this: **G** . . . but the letter 'c' has a circle around it.
⇨ Change the letter 'g' at the beginning of 'gath' to 'c'.
⇨ Now turn to the letter 'C' in the Welsh–English section and look for the word 'cath'. This is what you will find:

cath *eb* (cathod): cat

2 In the sentence 'Ble mae dy lyfr?', you want to find the meaning of the word **lyfr**. These are the steps you should follow:

⇨ Turn to the letter 'L' in the Welsh–English section.
⇨ Look for the word 'lyfr'.
⇨ You cannot find the word 'lyfr'. Look at the alphabet strip on the edge of the page. The letter 'L' is shown like this: **L** . . . but the letter 'll' has a circle around it.
⇨ Change the letter 'l' at the beginning of 'lyfr' to 'll'.
⇨ Now turn to the letter 'Ll' in the Welsh–English section and look for the word 'llyfr'. This is what you will find:

llyfr *eg* (llyfrau): book

Here are all the possible changes:

Dictionary word	Changes to the first letter		
ci	gi	nghi	chi
pen	ben	mhen	phen
tad	dad	nhad	thad
gardd	ardd	ngardd	
brawd	frawd	mrawd	
dosbarth	ddosbarth	nosbarth	
mam	fam		
llyfr	lyfr		
rhaglen	raglen		

It is really important to remember that **ll**, **rh**, **dd**, **ng**, **ch**, **ph** and **th** each count as one letter in the Welsh alphabet even though they each might, at first glance, look like two letters.

Let us now look at some of the words in the second column of changes on page 123. First you want to look up the word 'ngardd'. Because it begins with the Welsh letter 'ng', you turn to 'Ng' in the Welsh–English section. You cannot find the word there, so you look at the alphabet strip on the edge of the page.

As we saw with 'lyfr/llyfr' above, there is a letter with a circle around it, and this time it is 'g'. Change the 'ng' of 'ngardd' to a 'g'. That gives you the word 'gardd'. Now look under 'G' and you will find:

gardd *eb* (gerddi): garden.

Next you want to look up the word 'nghi'. Again, because it begins with the Welsh letter 'ng', you turn to 'Ng' in the Welsh–English section. This time you notice that the letter 'h' follows the letter 'ng'. Whenever you find the letter 'h' following the letters 'ng', 'm' or 'n' (as in ng**h**i, m**h**en, n**h**ad), look on the alphabet strip for the letter with a *square* around it, not a circle.

In this case, it is the letter 'c' that has a square around it. Now, drop the 'h', then change the 'ng' to a 'c',

and 'nghi' becomes 'ci'. Look under 'C' in the Welsh–English section of the dictionary and you will find:

ci *eg* (cŵn): dog.

- The English–Welsh section of the dictionary is simpler. Here are some easy steps to follow when you want to find the Welsh translation of an English word, with three examples.

1 First, you want to know the Welsh for 'coal'.

▷Turn to the English–Welsh section.
▷Look at the first letter of the word, which is 'c'.
▷Find the 'C' section using the English alphabet strips to help you.
▷Find the word 'coal'. This is what you will find:

    coal   glo

2 Now you want to write the sentence 'The children are singing' in Welsh. You need to look up the word 'children'.

▷Turn to the English–Welsh section.